I0219138

تدريب قادة حقيقيين

دليل تدريب القادة في المجموعات الصغيرة وبيوت العبادة من أجل قيادة حركات زرع الكنائس

تدريب قادة حقيقيين

دليل للمساعدة في تدريب القادة في المجموعات الصغيرة وبيوت العبادة لقيادة حركات زرع الكنائس

ألفه الدكتور دانيال ب. لانكستر.

الناشر: T4T Press

الطبعة الأولى، 2012

جميع الحقوق محفوظة. لا يجوز نسخ أي جزء من هذا الكتاب أو نقله بأي شكل من الأشكال سواء كان إلكترونياً أو ميكانيكياً، بما في ذلك التصوير، أو التسجيل أو بأي نظام لتخزين أو إسترجاع المعلومات، دون الحصول على إذن كتابي من المؤلف، فيما عدا إدراج إقتباس مختصر في المقدمة.

حقوق الطبع والنشر 2012 محفوظة لدانيال ب. لانكستر

ISBN 978-0-9831387-2-3 مطبوع

كل الإقتباسات، ما لم يتبين خلاف ذلك، مأخوذة من الكتاب المقدس، الإصدار الدولي الجديد®، NIV® حقوق الطبع والنشر © 1973، 1978، 1984 من قبل جمعية الكتاب المقدس الدولية. تم إستخدامها بإذن من زونديرفان. جميع الحقوق محفوظة.

الإقتباسات التي تحمل علامة (NLT) هي إقتباسات من الكتاب المقدس، الترجمة الحديثة، حقوق الطبع والنشر © 1996، 2004، وتم إستخدامها بإذن من مؤسسة تيندال هاوس بابليشيرز، ويتون، إلينويس، 60189. جميع الحقوق محفوظة.

الإقتباسات التي تحمل علامة (NASB) هي إقتباسات من الكتاب المقدس الأميركي الجديد ®، حقوق الطبع والنشر © 1960، 1962، 1963، 1968، 1971، 1972، 1973، 1975، 1977، 1995 من قبل مؤسسة لوكمان. جميع الحقوق محفوظة.

الإقتباسات التي تحمل علامة (HCSB) هي إقتباسات من الكتاب المقدس لهولمان ® حقوق الطبع والنشر © 2003، 2002، 2000، 1999 لهولمان بايبل بابليشيرز. جميع الحقوق محفوظة.

الإقتباسات التي تحمل علامة (CEV) هي إقتباسات من النسخة الإنجليزية المعاصرة. حقوق الطبع والنشر © 1995 لجمعية الكتاب المقدس الأمريكية. تم إستخدامها بإذن مسبق.

شاركت مكتبة الكونغرس في فهرسة معلومات النشر

المحتوى

التمهيد..7
شكر وتقدير..9
المقدمة...11

الجزء 1 - الآساسيات

إستراتيجية يسوع....................................17
تدريب القادة..20
مبادئ التدريب......................................24

الجزء 2 - التدريب على القيادة

الترحيب..29
إتباع طريقة تدريب يسوع........................42
إتباع طريقة قيادة يسوع..........................55
النشوء في طاعة الرب.............................69
أقوياء معاً..83
مشاركة الإنجيل....................................96
التلمذة..112
إنشاء المجموعات.................................128
مضاعفة المجموعات.............................144
إتباع يسوع..160

الجزء 3 - المراجع

دراسة إضافية...	173
الملحق (أ)...	174
الملحق (ب)...	185
الملحق (ج)...	187
الملحق (د)..	189

تخليداً لذكرى توم

التمهيد

التحدي المستمر هو ما يجعل دعوة الكنيسة أكثر فعالية. الذين تناط بهم خدمة يسوع يعلمون أن عدد قليل من القضايا تعتبر أكثر أهمية من التأكد من إستخدام أساليب فعالة في تدريب المؤمنين. واحدة من أكثر الوسائل فعالية في تدريب المؤمنين خلال هذه المرحلة هي *سلسلة إتباع تدريب يسوع*. أول كتاب ضمن هذه السلسلة، *خلق تلاميذ حقيقيين*، يقدم دروساً قابلة للتكرار بكل سهولة من أجل تحويل المؤمنين الجدد ليصبحوا تلاميذ ليسوع. هذا الكتاب الثاني يخطوا خطوة أخرى إلى الأمام، ويقدم دروساً من أجل تحويل تلاميذ المسيح ليصبحوا قادة قادرين على مضاعفة المجموعات. *تدريب قادة حقيقيين* من تأليف دان لانكستر يعد خطة مجربة ومختبرة للتدريب. ودليل عملي وواضح في تدريسه - يقدم التمثيليات، والصور، والتدريب العملي على الخبرات إلى هؤلاء الذين يتم تدريبهم.

مما لا شك فيه أن دليل *تدريب قادة حقيقيين* يعد وسيلة من أكثر الوسائل فعالية في تدريب المؤمنين على التبشير. هذه المادة العلمية ليست فعالة فقط، ولكنها تعجل في تنمية المهارات القيادية. تشير الدروس إلى الإحتياج إلى عدد أكبر من القادة، وتعطي رؤية عن صفات القائد الإلهي، فضلاً عن الخطوات التي ينبغي إتباعها في زرع الكنائس الجديدة. يتطلع هذا الكتاب إلى آفاق جديدة للمستقبل، ويساعد على تدريب القادة وتدريبهم للآخرين كذلك. *تدريب قادة حقيقيين* يساعد القادة على فهم أنفسهم فضلاً عن أولئك الذين يعملون معهم في عهد جديد بإستخدام الصور الثماني المتعلقة بالشخصية.

تعمل سلسة *إتباع تدريب يسوع* في عمومها على تجهيز المؤمنين الجدد بطريقة شمولية. هذا الكتاب الثاني ضمن السلسلة يواصل الطريقة العملية والمفيدة ذاتها التي بدأت في الكتاب الأول. تتطلب دعوة ملك الملوك أفضل الأساليب التدريبية فقط. لذلك نقدم لكم خطة تدريب القادة التي تلبي تلك الشروط.

روي ج. فيش

شكر وتقدير

كل كتاب تدريب هو عبارة عن تجميع للدروس المستفادة في الحياة. سلسلة إتباع تدريب يسوع ليست إستثناءاً لتلك القاعدة. أنا مدين بالعرفان لكثير من الأشخاص الذين قاموا بتدريبي، حتى أتمكن من تدريب الآخرين.

لقد عمل معي العديد من الأصدقاء في جنوب شرق آسيا على تطوير هذه المادة العلمية للتدريب على القيادة. أتقدم بالشكر إلى ديفيد غيلبرت، وغيري ويتفيلد، وكريغ غاريسون، وستيف سميث، و نيل ميمس، و ودي ولين ثينجبين على رؤاهم ودعمهم ومساعدتهم. لقد قطعنا تلك الرحلة معاً لسنوات عديدة.

لقد أثر العديد من القادة الروحانيين في حياتي، وأود أن أشكرهم. الدكتور ريكي باريس علمني كيفية التقرب إلى الله من كل قلبي. غايلون لين، بيكسلي، توم بوبيلكا حيث قاموا بتجسيد نموذج الحب الغير مشروط و القيادة الروحية خلال جزء صعب من رحلتي الطويلة. الدكتور إلفين مكين قام بتشجيع المهمة الحماسية التي قد وضعها الله بداخلي. لقد علمني القس نيك أولسون كيف أن أكون رجلاً نزيهاً وصاحب إستراتيجية واضحة. وقام الدكتور بن سميث بتعريفي بيسوع وظل أحد المقربين لي منذ ذلك الحين. أما الدكتور روي فيش فقد شكل رؤية لمضاعفة التلاميذ في وقت مبكر من دعوتي التبشيرية. القس رون كابس علمني "أعظم قائد هو أعظم خادم." شكراً لكم جميعاً على تدريبي كقائد، حتى أتمكن من تدريب قادة أخرين.

خدم توم ويلز كقائد العبادة في هايلاند فيلوشيب، الكنيسة الثانية التي زرعناها. الموسيقي الموهوب والصديق العزيز، لقد أمضينا أنا وتوم

العديد من الأوقات أثناء تناول القهوة والتحدث معاً عن الصور الثماني للمسيح. لقد ساعدني في تطوير طريقة بسيطة لمعرفة الطابع المستخدم في تدريب قادة حقيقيين. لقد قمنا بتنظيم الكنيسة والتخطيط للدعوة على أساس الصور الثمانية للسيد المسيح. وقدمنا أيضاً الخدمات الإستشارية للكنائس المحلية فيما يخص إزدهار الكنائس. بينما أنت مع الرب الآن، توم، إعلم أن عملك مستمر، فنحن نتذكرك دائماً، ونفتقدك كثيراً.

أتوجه أيضاً بالشكر الخاص إلى ديفيد و جيل شانكس اللذان ساهما في هذا المشروع. حيث كان كرمهما السبب وراء نشأة الكثير من المؤمنين في طاعة الرب والتلمذة وخلق القادة وزرع الكنائس في آسيا. سيكون الكثيرون في إنتظاركم بالجنة ليقولوا "شكراً لكما."

أخيراً، عائلتي تقدم هذا الكتاب هدية إلى عائلتك. هولي، زوجتي، وأولادي، جيف، زاك، كاريس، و زان، ضحوا جميعاً ودعموا هذا الجهد من أجل إعداد قادة روحانيين وتحقيق إلتئام الأمم.

الدكتور دانيال ب. لانكستر
جنوب شرق آسيا

المقدمة

منح الله عائلتنا شرف إنشاء كنيستين في أميركا. كانت الكنيسة الأولى في هاميلتون بولاية تكساس، في ريف واحدة من أفقر المقاطعات في ولاية تكساس. وتظل ذكريات كيف من الله على مجموعة عظيمة من المؤمنين لبناء كنيسة بها مقاعد تتسع لـ 200 فرد دون الحاجة إلى أية قروض بنكية وسط ظروف إقتصادية صعبة. لقد غير الله حياتنا عندما تذكر هاميلتون.

بدأنا بناء الكنيسة الثانية في لويسفيل بولاية تكساس. لقد أمضيت سنوات دراستي الثانوية في لويسفيل، وهي ضاحية في منطقة دالاس وفورت وورث. ولقد قامت الكنيسة التي نشأت بها، كنيسة ليكلاند المعمدانية، برعاية زرع الكنائس ودعمتنا مادياً ومعنوياً وروحانياً. كنا الكنيسة الثامنة عشرة التي زرعوها في المنطقة. ونتيجة لتجربتنا السابقة في زرع الكنائس، طلب منا القس إنشاء الكنيسة دون مجموعة أفراد أساسية، وإعتماداً بشكل أساسي على دعوة السكان من خلال الزيارات المنزلية.

أمضينا شهرين في عملية زرع الكنيسة، ولقد عانيت بألم شديد في جميع أنحاء جسمي، والإرهاق البالغ. وشخص الأطباء المرض على أنه مرض الذئبة وكان هذا في نفس اليوم الذي ولد فيه طفلنا الرابع. وأوضحت الإختبارات الطبية لاحقاً أن التشخيص كان إصابة بمرض إلتهاب الفقار اللاصق ـ وهو إلتهاب المفاصل الذي يصيب مفاصل العمود الفقري و القفص الصدري و مفاصل الورك. وكانت تناول المسكنات القوية تشعرني ببعض الراحة، ولكنها كانت تجعلني أشعر بالنعاس. كان يمكنني العمل لمدة ساعتين بحد أقصى وأقضي ما تبقى من الوقت في الراحة والصلاة.

كانت هذه الفترة من دعوتنا بمثابة "ليلة روحانية مظلمة." لقد حد الألم والإرهاق من كل شيء. على الرغم من أنني كنت مريضاً جداً، إلا أننا شعرنا أن الله مازال يدعونا لإنشاء الكنيسة. لقد دعوناه أن يعيننا، ولكنه إستجابته كانت بتذكيرنا أن نعمته علينا كافية. أحسسنا أن الله قد تركنا ولكنه حبه لم يتغير أبداً. ودعونا الله وكان الله يقربنا إليه ويعطينا الأمل. تساءلنا إذا ما كان الله يعاقبنا على خطايانا، ولكنه ملأ قلوبنا بالإيمان بأنه سوف ينقذ الضالين ويعيدهم إليه. وأخذ حلمنا بإكمال المهمة يتلاشي حتى إختفى في نهاية المطاف.

كيف يمكنك إستثمار وقتك إذا كنت تعمل لمدة ساعتين فقط يومياً لإنشاء كنيسة جديدة؟ لقد هدانا الله للتركيز على خلق القادة. لقد تعلمت كيفية قضاء ساعة واحدة مع شخص ما على الغداء ويكون لديه بعد هذا اللقاء خطة إستراتيجية للشهر المقبل، عادة ما تكون مثل الكتابة على منديل! تطوير ثقافة مضاعفة أعداد المتدربين الذين يقومون بدورهم بتدريب الأخرين. لقد ساعدنا الناس على معرفة كيف أن الله "ربطهم به" وكيفية الإقتداء بالمسيح بشكل عملي. العديد من البالغين والأطفال قد إنضموا إلينا، على الرغم من المعاناة الجسدية التي واجهناها.

مرت ثلاث سنوات وأنا في حالتي المرضية، وبدأت تناول دواء جديد غير حياتي من ليل إلى نهار. وأصبح بإمكاني السيطرة على الألم والإرهاق. بدلاً من العودة إلى النموذج القديم الذي يقوم فيه القس بعمل كل شيء، أمضينا قدماً في نفس المسار وهو خلق القادة. وبعد مضي أربع سنوات على تأسيس الكنيسة، قمت برحلة إستكشافية إلى جنوب شرق آسيا مع صديق لي. عندما نزلت من الطائرة أصبحت قدماي على أرض بلد آخر، خاطبني الله قائلاً "أنت في وطنك." وتحدثت إلى زوجتي في تلك الليلة وأكدت لي أن الله خاطب كلاً منا بالخطاب ذاته. بعد مضي عام، قمنا ببيع كل ما نملك، وقمنا بحزم أمتعتنا نحن الأربعة وإنتقلنا للعيش في جنوب شرق آسيا.

لقد عملنا في بلد منغلق وبدأنا في خلق التلاميذ. دعونا الله أن يمدنا بثلاثة رجال وثلاث نساء حتى نتمكن من تعليمهم ما قد تعلمناه في حياتنا، إقتداءاً بيسوع عندما ركز على بطرس ويعقوب ويوحنا.

المقدمة

وإستجاب الله لدعائنا وهدى الناس إلينا لنقوم بتدريبهم، كما قام برنابا بتدريب بولس. وعندما قمنا بتدريب العديد من الناس على إتباع يسوع، قاموا هو بإنشاء العديد من المجموعات الجديدة، وأصبح بعضها كنائس. وبينما كانت تلك الكنائس تنمو وتتطور كانت هنالك حاجة إلى قادة أكثر وأفضل. البلد الذي كنا نقوم بالدعوة فيه كان يعاني من فراغ في القيادة وتنمية المهارات القيادية. بدأنا في دراسة مستفيضة عن كيفية تدريب يسوع لتلاميذه كقادة. قمنا بتعليم هذه الدروس لأصدقائنا وتوصلنا إلى إكتشاف مثير للإهتمام، وهو أنا خلق تلاميذ وتدريب القادة هما وجهان لعملة واحدة. "خلق تلاميذ" يصف بداية الرحلة بينما "تدريب القادة" يصف مواصلة الرحلة. إكتشفنا أيضاً أنه كلما زاد إتباعنا ليسوع زادت قابلية تدريبنا للتكرار.

إن الدروس القابلة للتكرار التي قمنا بتعليمها للقادة هي التي تشكل المادة العلمية لهذا الدليل التدريبي. إن يسوع هو أعظم قائد في كل العصور، ويسكن في قلوب أتباعه. بينما نقوم بإتباعه فإننا نصبح قادة أفضل. بارك الله فيك كقائد وبارك الله في الأشخاص الذين تؤثر فيهم من خلال هذا الدليل التدريبي. لقد قام العديد من القادة بتدريب أجيال من القادة بنجاح بإستخدام هذه المادة العلمية ونحن نصلي من أجل أن تحل بركة الله في حياتك بينما تقوم بالشيء ذاته.

الجزء 1

الأساسيات

إستراتيجية يسوع

إستراتيجية يسوع للوصول إلى الأمم تتضمن خمس خطوات: النشوء في طاعة الرب، ومشاركة الإنجيل، وخلق تلاميذ، وإنشاء جماعات تدعو إلى الكنائس، وتطوير القادة. كل خطوة قاصرة بذاتها، بل أنها أيضاً تضاعف الخطوات الأخرى في عملية دائرية. إن المواد العلمية في إتباع تدريب يسوع تمكن المتدربين ليكونوا حافزاً لحركة زرع الكنائس بين شعوبهم عن طريق إتباع يسوع.

إن إتباع تدريب يسوع يبدأ من خلال خلق أتباع حقيقيين والخطوات الأربع الأولى من إستراتيجية يسوع. يتعلم التلاميذ كيفية الصلاة، وطاعة أوامر يسوع، والسير في معية الروح القدس (النشوء في طاعة الرب). وبعد هذا يكتشف التلاميذ كيفية التواصل مع الله أينما كانوا يعملون، بل ويتعلمون كيفية تبادل شهاداتهم - وهو سلاح فعال في الحرب الروحية - ويتعلمون لاحقاً كيفية مشاركة الإنجيل، ودعوة الناس للعودة والرجوع إلى الله (مشاركة الإنجيل). إن إكمال الدورة التدريبية يمنح القادة الأدوات اللازمة لإنشاء مجموعات صغيرة، وخلق رؤية للتضاعف والتخطيط للوصول إلى مجتمعهم (إنشاء مجموعات).

وأعرب عدد متزايد من التلاميذ عن رغبتين أثناء تدريبهم. وتساءل القادة تحت التدريب عن كيفية النشوء كقادة روحانيين وما هي الخطوات اللازمة للتحول من مجموعة إلى كنيسة. ولأن خطوات إستراتيجية يسوع غير متسلسلة، طلب بعض التلاميذ التدريب على القيادة ثم التدريب على زرع الكنائس. البعض الآخر عكس هذا الترتيب. ونتيجة لذلك، بدأنا في تقديم إثنتين من الحلقات الدراسية التدريبية الإضافية للتلاميذ الذين إستخدموا خلق تلاميذ حقيقيين وكانوا أوفياء لتدريب الآخرين.

إن إنشاء كنائس حقيقية يساعد الكنائس الموجودة حالياً في إنشاء مجموعات وكنائس جديدة - الخطوة الرابعة في إستراتيجية يسوع. بدأ بعض القادة في إنشاء كنيسة وكان هناك خطأ متكرر وهو إستنساخ هيكل كنيستهم الحالية أثناء زرع الكنيسة الجديدة. هذا النهج يضمن نتائج هزلية في أغلب الأحوال. إنشاء كنائس حقيقية يتجنب هذا الخطأ عن طريق تدريب التلاميذ على كيفية إتباع الأوامر الثماني للمسيح المذكورة في أعمال الرسل 2 والتي إتبعتها الكنيسة الأولى. تعمل المجموعة من خلال التطبيقات العملية لكل أمر من تلك الأوامر وتطوير الكنيسة معاً. إذا شعرت المجموعة بقيادة الرب لها، تنتهي الحلقة التدريبية بمراسم الإحتفال والإحساس بالتفاني كونهم قد قاموا بإنشاء كنيسة جديدة.

دليل تدريب قادة حقيقيين يساعد القادة على تدريب الأخرين ليصبحوا قادة روحانيين - الخطوة الخامسة من إستراتيجية يسوع. هناك عنصر أساسي في حركات زرع الكنائس وهو تطوير المهارات القيادية. تظهر الدورة التدريبية للقادة الطريقة التي إستخدمها يسوع لتدريب القادة ومواصفات القيادة السبع التي أرساها يسوع، أعظم قائد على مر العصور. يكتشف القادة نوع شخصياتهم والسبل التي تمكنهم من مساعدة الأشخاص على إختلاف شخصياتهم للعمل معاً. أخيراً، يقوم القادة بوضع "خطة يسوع" على أساس المبادي الإثني عشر للدعوة التي منحها يسوع لتلاميذه في إنجيل لوقا 10. تنتهي الدورة التدريبية بمشاركة القادة لـ "خطة يسوع" التي وضعها كل منهم والصلاة مع بعضهم البعض. ويتعهد القادة بتدريب بعضهم البعض وخلق قادة جدد.

يعمل كل من إنشاء كنائس حقيقية و تدريب قادة حقيقيين على تدريب التلاميذ على كيفية إتباع طريقة يسوع في الدعوة. يقوم المدربون بالعمل على إتقان القادة لأدوات قابلة للتكرار مما يمكنهم من مشاركتها مع الآخرين. إن إتباع تدريب يسوع ليس دورة تعليمية ولكنه طريقة حياة.

لأكثر من ألفي سنة، من الله على الكثيرين وغير حياتهم من خلال بساطة إتباع يسوع. لقد إتبع المؤمنون إستراتيجية يسوع وشهدوا التحول الكامل للثقافات. لعل الله يفعل الأمر ذاته في حياتك وبين الأشخاص الذين تقون بتدريبهم على إتباع يسوع.

تدريب القادة

تدريب قادة حقيقيين مبني على الدورة التدريبية الأولى، خلق تلاميذ حقيقيين، ويساعد أولئك الذين قاموا بإنشاء مجموعات تلمذة على أن يصبحوا قادة ويضاعفوا مجموعات أكثر.

نتائج التدريب

بعد الانتهاء من هذه الدورة التدريبية، يمكن للمتعلمين:

- تعليم قادة آخرين عشرة دروس أساسية في القيادة.
- تدريب قادة آخرين بإستخدام عملية يسهل تكرارها قد صاغها يسوع.
- التعرف على أنواع مختلفة من الشخصيات ومساعدة الناس للعمل معاً في فريق واحد.
- وضع خطة إستراتيجية لإشراك الضالين روحانياً في مجتمعاتهم ومضاعفة عدد المجموعات الجديدة.
- فهم كيفية قيادة حركة زرع كنائس.

عملية التدريب

كل دورة من دورات التدريب على القيادة يتبع نفس النمط، على أساس كيفية تدريب يسوع لتلاميذه ليصبحوا قادة. مدى يسوع تدريب التلاميذ كقادة. وفيما يلي مخطط عام للدرس، مع الفترات الزمنية المقترحة.

الحمد والثناء

- غناء إثنتين من الترانيم معاً (أو أكثر بقدر ما يتيحه الوقت).

(10 دقائق)

مستوى التقدم

- يقوم قائد بإستعراض مستوى التقدم في دعوتهم منذ أخر لقاء إلتقى فيه القادة. تصلي المجموعة للقائد ودعوته أو دعوتها.

(10 دقائق)

المشكلة

- يطرح المدرب مشكلة شائعة في القيادة، ويقوم بشرحها من خلال قصة أو توضيح شخصي.

(5 دقائق)

الخطة

- يقوم المدرب بتعليم القادة درس بسيط في القيادة والذي بدوره بمنحهم فكرة ومهارة حل مشكلة القيادة.

(20 دقيقة)

الممارسة

- يتم تقسيم القادة إلى مجموعات من أربعة أفراد وممارسة أسلوب التدريب من خلال مناقشة الدرس الذي تعلموه للتو، بما في ذلك:
    - مستوى التقدم الحادث في منطقة القيادة.
    - المشاكل التي يواجهونها في منطقة القيادة.
    - خطط تحسين الأداء خلال الـ 30 يوماً القادمة إستناداً إلى هذا الدرس.
    - المهارة التي سوف يمارسونها خلال الـ 30 يوماً القادمة إستناداً إلى هذا الدرس.
- يقف القادة ويكررون آية الحفظ عشر مرات معاً، ست مرات من الكتاب المقدس، وأربع مرات من الذاكرة.

(30 دقيقة)

الصلاة

- تقوم مجموعات من أربع بتبادل إهتمامات الصلاة ويصلون من أجل بعضهم البعض.

(10 دقائق)

المرحلة النهائية

- ينتهي كل درس بنشاط تعليمي لمساعدة القادة على تطبيق الدرس بسياقهم الخاص.

(15 دقيقة)

الجدول الزمني للتدريب

إستخدام هذا الدليل لتسهيل حلقة دراسية لمدة ثلاثة أيام أو برنامج تدريبي لمدة 10 أسابيع. كل دورة في كلا البرنامجين تتطلب حوالي ساعة ونصف الساعة، وإستخدم عملية تدريب المدربين في صفحة 20.

التدريب على القيادة عادة ما يحدث مرة كل شهر، أو مرتين في الشهر، أو في حلقة دراسية لمدة ثلاثة أيام. وينبغي الحضور للقادة الذين يقودون مجموعات حالياً فقط.

برنامج الثلاثة أيام

	اليوم الأول	اليوم الثاني	اليوم الثالث
8:30	الترحيب	أقوياء معاً	إنشاء مجموعات
10:00	إستراحة	إستراحة	إستراحة
10:30	*إتباع طريقة تدريب يسوع*	*مسابقة درامية*	*مضاعفة المجموعات*
12:00	الغداء	الغداء	الغداء
1:00	إتباع طريقة قيادة يسوع	مشاركة الإنجيل	إتباع يسوع
2:30	إستراحة	إستراحة	
3:00	النشوء في طاعة الرب	التلمذة	
5:00	*العشاء*	*العشاء*	

البرنامج الأسبوعي

الأسبوع 1	*بيحرتلا*	**الأسبوع 6**	مشاركة الإنجيل
الأسبوع 2	*ةقيرط عابتإ عوسي بيردت*	**الأسبوع 7**	التلمذة
الأسبوع 3	*ةقيرط عابتإ عوسي ةدايق*	**الأسبوع 8**	إنشاء المجموعات
الأسبوع 4	*ةعاط يف ءوشنلا برلا*	**الأسبوع 9**	مضاعفة المجموعات
الأسبوع 5	*أعم ءايوقأ*	**الأسبوع 10**	إتباع يسوع

مبادئ التدريب

مساعدة الآخرين على أن يصبحوا قادة هو عمل مثير ومطلوب. خلافاً للرأي السائد، القادة يصنعون، ولا يولدون. من أجل خلق مزيد من القادة، يجب أن تكون طريقة تنمية المهارات القيادية دولية ومنهجية. بعض الناس يعتقدون خطأ أن القادة يصبحون قادة بناءاً على شخصيتهم. ومع ذلك، أظهر مسح سريع لقساوسة الكنائس الكبرى في أميركا إختلاف شخصياتهم. بينما نتبع يسوع، فإننا نتبع أعضم قائد على مر العصور ونطور أنفسنا كقادة بأنفسنا.

إن إعداد القادة يحتاج إلى نهج متوازن لتنمية المهارات القيادية. هذا النهج المتوازن يشمل العمل على المعرفة، الشخصية، المهارات، والدوافع. يحتاج المرء إلى كل المكونات الأربع ليكون قائداً فاعلاً. من دون معرفة، تؤدي الإفتراضات الخاطئة وسوء الفهم إلى تضليل القائد. بدون شخصية، يقوم القائد بإرتكاب أخطاء أخلاقية وروحانية من شأنها أن تعيق مهمته. من دون مهارات ضرورية، يخترع القائد أساليب لم يتم تجربتها أو يستخدم وسائل قد عفا عليها الزمن. وأخيراً، القائد الذي تتوافر لديه المعرفة، الشخصية، والمهارة، ولكنه بدون دوافع، سوف يهتم فقط للوضع الراهن والحفاظ على موقعه أو موقعها.

يجب على القادة تعلم الأدوات الأساسية اللازمة لإنجاز هذه المهمة. بعد قضاء وقت كبير في الصلاة، كل زعيم يحتاج إلى رؤية مقنعة. رؤية تجيب على هذا السؤال: "ماذا يجب أن يحدث في المرة القادمة؟" يجب على القادة أن يعرفوا الغرض مما يقومون به. الغرض يجيب على هذا السؤال: "لماذا هو مهم؟" معرفة الجواب على هذا السؤال وجهت العديد من القادة خلال الأوقات الصعبة. لاحقاً، يجب أن يعرف القادة

مهمتهم. يجمع الله الناس في المجتمع لتنفيذ مشيئته. المهمة تجيب على هذا السؤال: "من يحتاج إلى الإنضمام؟" أخيراً، القادة الجيدون يجب أن تكون لديهم أهداف واضحة جلية لإتباعها. عادة، يضع القائد رؤيته، غرضه، ومعمته من خلال أربعة إلى خمسة أهداف. الأهداف تجيب على هذا السؤال، "كيف نفعل ذلك؟"

إكتشفنا مدى صعوبة إختيار القادة الناشئين في مجموعة ما. دائما ما سوف يفاجئك الله بإختياره! إن النهج الأكثر فعالية هو بمعاملة كل شخص كما لو كان/كانت قائداً بالفعل. يمكن للمرء قيادة نفسه حيث يعتبر هذا نوعاً من أنواع القيادة. يصبح الناس قادة أفضل تناسباً مع توقعاتنا (الإيمان). عندما نعامل الناس كتابعين، سوف يصبحوا تابعين. وعندما نعامل الناس كقادة، سوف يصبحوا قادة. لقد إختار يسوع أناس من كافة مستويات المجتمع لإظهار أن القيادة الجيدة تعتمد على الإلتزام بتعاليمه، وليس إعتماداً على العلامات الظاهرة التي غالباً ما يسعى الناس إليها. لماذا لدينا نقص في القادة؟ لأن القادة الحاليين يرفضون منح أشخاص جدد فرصة القيادة.

بعض العوامل تؤدي إلى إيقاف دعوة الرب أسرع من قلة المعرفة بالقيادة الإلهية. للأسف، لقد واجهنا فراغ في القيادة في معظم الأماكن التي قمنا فيها بتدريب الناس (بما في ذلك الولايات المتحدة الأمريكية). القادة الربانيون هم أساس السلام والنعم والحق في المجتمع. وأقتبس هنا قول شهير للعالم ألبرت أينشتاين يمكنني صياغته كالتالي: "لا يمكننا حل مشاكلنا الحالية بمستوى القيادة الحالي." يجعل الرب إتباع تدريب يسوع وسيلة لتجهيز وتحفيز العديد من القادة الجدد. نحن نصلي من أجل أن يحدث الشيء ذاته لك. لعل أعظم قائد على مر العصور أن يملأ قلبك وعقلك ببركاته الروحانية وأن يجعلك قوياً ويزيد من تأثيرك في الآخرين - الإختبار الحقيقي للقيادة.

الجزء 2

التدريب على القيادة

1

الترحيب

يقوم المدربين والقادة بتقديم بعضهم البعض في الدرس الأول. ثم يتعلم القادة الفارق بين الطريقتين اليونانية والعبرية في التدريب. إستخدم يسوع كلتا الطريقتين وعلينا أن نفعل الشيء ذاته. الطريقة العبرية تعتبر مفيدة للغاية في تدريب القادة وهي الطريقة الأكثر إستخداماً في تدريب قادة حقيقيين.

الهدف من الدرس هو فهم القادة لإستراتيجية يسوع للوصول إلى العالم. الأجزاء الخمسة من إستراتيجية يسوع وتضم ما يلي: النشوء في طاعة الرب، مشاركة الإنجيل، التلمذة، إنشاء المجموعات التي تصبح كنائس فيما بعد، وتدريب القادة. ويراجع القادة دروس الجزء الأول من إتباع تدريب يسوع: خلق تلاميذ حقيقيين والذي يعمل على تجهيز المؤمنين لتحقيق النجاح في كل جزء من إستراتيجية يسوع. ويتدرب القادة أيضاً على وضع رؤية لإستراتيجية إتباع يسوع يستطيعون تقديمها للآخرين. وينتهي الدرس بالتحفيز على إتباع يسوع وطاعة أوامره في كل يوم.

الحمد والثناء

- غناء إثنتين من الترانيم معاً.
- إطلب من قائد محترم الصلاة من أجل حضور الله وبركته.

البدأ

تقديم المدربين

- ينبغي أن يكون المدربون والقادة في دائرة أثناء بداية المحاضرة الإفتتاحية. من أجل تعزيز مناخ غير رسمي وإذا كان قد تم وضع الطاولات، يرجى إزالتها مسبقاً.
- يوضح المدربون كيف يقوم القادة بتقديم أنفسهم للأخرين.
- المدرب والمدرب المساعد يقوم كل منهم بتقديم الأخر. حيث يعرفون عن الإسم ومعلومات عن عائلاتهم ومجموعاتهم العرقية (إن أرادوا)، وكيف أنعم الله على المجموعة التي يقودونها خلال الشهر.

تقديم القادة

- يتم تقسيم القادة إلى مجموعات ثنائية.

ثم أخبرهم "سيقوم كل منكم الآن بتقديم بعضكم البعض بنفس الطريقة التي قد قدمنا بها أنفسنا أنا والمدرب المساعد."

- ينبغي عليهم معرفة أسماء شركائهم ومعلومات عن عائلاتهم ومجموعاتهم العرقية وكيف أنعم الله على المجموعة التي يقودونها الشهر الماضي. قد يكون من المفيد بالنسبة لهم أن

يدونوا تلك المعلومات في دفاترهم حتى لا ينسوها أثناء تقديم شركائهم.
- بعد نحو خمس دقائق، أطلب من ثنائي من القادة تقديم أنفسهم لخمسة ثنائيات أخرى على الأقل بنفس الطريقة التي قمت بتقديم شريكك لهم.

كيف درب يسوع القادة؟

- إطلب من القادة وضع الكراسي في صفوف - الطريقة التقليدية للتدريس. ينبغي عليهم تشكيل صفين على الأقل يوجد فيما بينهما ممر. ويجلس القادة في الصفوف، في حين يقف المدربون أمامهم.

 "نسمي هذه الطريقة بالطريقة "اليونانية" للتدريس. ويقوم المدرب بإستعراض المعلومات، ويقوم الطلاب بطرح بعض الأسئلة، ويخاطب كل منهم المعلم. عادة ما يقوم المعلمون بتنظيم فصولهم على هذا النحو، خاصة مع الأطفال."

- إطلب من القادة أن يضعوا الكراسي في شكل دائرة كما كانت في السابق عند بداية الدرس. حيث يجلس القادة والمدربون معاً في شكل دائرة.

 "نسمي هذه الطريقة بالطريقة "العبرية" للتدريس. يطرح المعلم بعض الأسئلة، ويتناقش الطلاب فيها، ويخاطب كل منهم الشخص الذي يتكلم وليس المعلم فقط. عادة ما يستخدم المعلمون هذه الطريقة أثناء تعليمهم للأشخاص البالغين. أي طريقة إستخدمها يسوع للتدريس؟"

- السماح للطلاب بمناقشة هذا السؤال ثم أجب "كلتاهما". لقد إستخدم يسوع الطريقة اليونانية عندما كان يخاطب الحشود والطريقة العبرية عندما كان يدرب التلاميذ ليصبحوا قادة.

"أي الطرق يستخدمها معظم المعلمين في تقديرك؟"

- يستخدم المعلمون الطريقة اليونانية أكثر. ونتيجة لذلك، نشعر بالراحة أكثر في هذا الوضع.

"خلال هذه الدورة التدريبية، سوف نعرض كيفية تدريب القادة بالطريقة التي فعلها يسوع. سوف نستخدم في معظم الحلقات الدراسية في تدريب قادة حقيقيين الطريقة "العبرية"، لأن يسوع إستخدم هذه الطريقة في تدريبه القادة. ونحن نريد أن نتبعه."

الخطة

"هدفنا في هذا الدرس هو فهم إستراتيجية يسوع للوصول إلى العالم، حتى نتمكن من إتباعه."

من الذي يبني الكنيسة؟

- متى 18:16-
وأنا أيضاً أقول لك: أنت صخر. وعلى هذه الصخرة أبني كنيستي وأبواب الجحيم لن تقوى عليها! (NLT)

"يسوع هو الذي يبني كنيسته."

لماذا نهتم بمن يبني الكنيسة؟

-المزمور 1:127-
إن لم يبن الرب البيت، فباطلاً يتعب البناؤون. وإن لم يحرس الرب المدينة فباطلاً يسهر الحارس. (HCSB)

"ما لم يبن يسوع الكنيسة، لن يكون هناك جدوى من كل الأعمال التي نقوم بها. خلال دعوته في كافة أنحاء الأرض، و على مر تاريخ الكنيسة، كان يسوع يبني كنيسته دائماً بإستخدام الإستراتيجية ذاتها. دعونا نتعلم إستراتيجيته حتى نتمكن من إتباعه."

كيف يبني يسوع كنيسته؟

- أرسم الرسم البياني الموضح أدناه، أثناء مشاركتك لإستراتيجية يسوع للوصول إلى العالم.

النشوء في طاعة الرب

-لوقا 52:2-
أما يسوع فكان يتقدم في الحكمة والقامة،
وفي النعمة عنج الله والناس. (CEV)

-لوقا 14:4-
وعاد يسوع إلى منطقة الجليل بقدرة الروح، وذاع
صيته في القرى المجاورة كلها. (NASB)

”الخطوة الأولى في إستراتيجية يسوع هي ”النشوء في طاعة الرب“ تعتمد القيادة الروحية على وجودة علاقة طاهرة ووثيقة مع الله. النشوء في طاعة الرب يعني بالنسبة لنا، أن نلتزم بكل ما أمر به يسوع.

النشوء في طاعة الرب
إرفع ذراعيك للأعلى وقف كرجل قوي.

إلتزامنا بطاعة يسوع يعني أن نصلي، نطيع أوامره، وأن نسير في معية الروح القدس، والإنضمام إلى يسوع حيثما يعمل.“

- مراجعة دروس ”الصلاة“ و“الطاعة“ و ”المشي“ مع مراجعة حركات اليد في إتباع تدريب يسوع، الجزء الأول: خلق تلاميذ حقيقيين:

”هذه الدروس تدربنا على كيفية الإلتزام بتعاليم المسيح. وتساعدنا في تدريب الآخرين على الإلتزام بتعاليمه أيضاً. جزء من النشوء في طاعة الرب هو طاعة أوامره. أما بقية إستراتيجية يسوع فهي تتكون أوامر ينبغي علينا طاعتها على الفور، في كل وقت، وبقلب ملئ بالحب.“

مشاركة الإنجيل

- مرقس 1:14، 15-
وبعدما ألقى القبض على يوحنا، إنطلق يسوع إلى منطقة الجليل، يبشر بإنجيل الله قائلاً: قد إكتمل الزمات وإقترب ملكوت الله فتوبوا وآمنوا بالإنجيل! (NLT)

"إننا ننشأ في طاعة الرب من خلال الصلاة والمشي في معية الروح القدس. طريقة أخرى للنشوء في طاعة الرب من خلال طاعتنا لأوامر يسوع. يسوع يأمرنا بأن ننضم إليه حيثما يعمل وأن نتبادل الأخبار السعيدة."

🖐 مشاركة الإنجيل
حرك يدك اليمنى كما لو كنت تنثر البذور.

"بالنسبة لغالبية الناس، يعتبر تبادل الشهادات حول كيفية حفظ الله لهم نقطة بداية جيدة عند تبادل الأخبار السعيدة مع الآخرين. يستمع الناس بإهتمام إلى قصصنا. ويتيح لنا تبادل الشهادات أيضاً أن نعرف ما إذا كانت الروح القدس تعمل معنا، حتى نتمكن من الإنضمام إليه.

عندما نرى مكان يعمل الرب فيه، يجب علينا مشاركة الإنجيل. ونحرص على زرع بذور الإنجيل. تذكر: لا توجد بذرة، لا يوجد حصاد!"

- مراجعة دروس "الإنطلاق" و "المشاركة" والزرع، مع مراجعة حركات اليد في إتباع تدريب يسوع، الجزء الأول: خلق تلاميذ حقيقيين.

"لا تقع في أحد فخاخ الشيطان في هذه المرحلة. العديد من المؤمنين يعتقدون أنه يجب عليهم النشوء في طاعة الرب قبل مشاركة الإنجيل. هم لم يدركوا أن العكس صحيح. نحن ننشأ

في طاعة الرب بعد طاعتنا لأوامر يسوع وليس قبلها. وتكون طاعة أوامر يسوع من خلال مشاركة الإنجيل ومن ثم يمكنك النشوء في الإيمان بالله. أما لو إنتظرت حتى تنشأ في طاعة الرب فلن تتمكن من تبادل إيمانك مع الآخرين.“

التلمذة

-متى 19:4-
فقال لهما: هيا إتبعاني، فأجعلكما صيادين للناس!

”أثناء الإلتزام بيسوع وطاعة أوامره ومشاركة الإنجيل، سوف يستجيب الناس سوف ويظهرون رغبتهم في النشوء كمؤمنين.“

التلمذة
وضع اليدين على القلب ثم رفعهما في وضع التعبد. وضع اليدين على الخصر ثم رفعهما في وضعية الصلاة. الإشارة باليدين إلى الرأس ثم خفضهما كما لو كنت تقرأ كتاب. رفع اليدين والوقوف كرجل قوي، ثم القيام بتحريك اليدين كما لو كنت تنثر البذور.

”الأمر الأكثر أهمية الذي ينبغي علينا طاعته هو محبة الله ومحبة الناس. لنوضح للتابعين الجدد ليسوع كيفية القيام بذلك بطرق عملية. نحن نعلمهم أيضاً كيفية الصلاة، وطاعة أوامر يسوع، المشي في معية الروح القدس، والإنطلاق حيثما يعمل يسوع، وتبادل الشهادات، ومشاركة الإنجيل، حتى يمكنهم النشوء في طاعة الرب أيضاً.“

- مراجعة درس ”الحب“ مع مراجعة حركات اليد في إتباع تدريب يسوع، الجوء الأول: خلق أتباع حقيقيين.

إنشاء المجموعات والكنائس

-متى 18:16-
وأنا أيضاً أقول لك: أنت صخر. وعلى هذه الصخرة أبني كنيستي وأبواب الجحيم لن تقوى عليها!

"أثناء الإلتزام بيسوع، وطاعة أوامره، مشاركة الإنجيل والتلمذة. ثم نتبع نموذج يسوع ونقوم بإنشاء المجموعات التي تعبد الرب، وتصلي، وتدرس وتدعو سوياً. لقد أنشأ يسوع هذا النوع من المجموعات في كل أنحاء العالم لتقوية الكنيسة ومساعدة الكنائس على إنشاء كنائس جديدة لتمجيده."

إنشاء مجموعات وكنائس
تحريك اليدين كما لو كنت تدعو الناس للإلتفاف حولك.

خلق القادة

-متى 10:5-8-
هؤلاء الإثنا عشر رسولاً، أرسلهم يسوع وقد أوصاهم قائلاً: لا تسلكوا طريقاً إلى الأمم، ولا تدخلوا مدينة سامرية. بل إذهبوا بالأخرى إلى الخراف الضالة، إلى بيت إسرائيل. وفيما أنتم ذاهبون بشروا قائلين: قد إقترب ملكوت السماوات. المرضى أشفوا، والموتى أقيموا، والبرص طهروا، والشياطين أطردوا. مجانا أخذتم، فمجاناً أعطوا!

"أثناء إلتزامنا بالمسيح، يجب علينا إظهار حبنا له من خلال طاعتنا لأوامره. نحن نتبادل الإنجيل حتى يتمكن الضالون من العودة إلى أسرة الرب. ونخلق تلاميذ يحبون الرب ويحبون الناس. ونتشيء مجموعات العبادة والصلاة والدراسة والدعوة سوياً. وزيادة المجموعات تعني الحاجة للمزيد من القادة. إتباعاً للمبدئ 222 في 2 تيموثاوس 2:2، حيث نقوم بتدريب قادة

يقومون بدورهم بتدريب قادة آخرين والذين بدورهم يدربون المزيد من القادة."

✋ خلق القادة
الوقوف وإلقاء التحية وكأنك جندي.

- مراجعة درس "التضاعف" مع مراجعة حركات اليد في إتباع تدريب يسوع، الجزء الأول: خلق تلاميذ حقيقيين.

"يرجى تجنب سوء الفهم الشائع لإستراتيجية يسوع. كثير من المؤمنين يحاولون إتباع هذه الأوامر بالتسلسل. أولاً، هم يعتقدون أننا نقوم بالتبشير ثم نخلق تلاميذ وهكذا. ومع ذلك، وضح لنا يسوع أن نطيع كل أوامره في كل وضع. على سبيل المثال، نحن نتشارك الإنجيل ونقوم بالفعل بتدريب شخص ما على كيفية إتباعه ليسوع. وبينما نخلق تلاميذ، نساعد المؤمنين الجدد على إيجاد مجموعة موجودة بالفعل أو إنشاء مجموعة جديدة. نقوم منذ البداية على عرض خصائص القائد الروحي.

هذه الإستراتيجية المكونة من خمسة أجزاء تصف كيف يبني يسوع كنيسته. ولقد قلد التلاميذ إستراتيجية يسوع في الكنيسة الأولى. نسخ بولس هذه الإستراتيجية في بعثته إلى الوثنيين. ولقد فعل القادة الروحانيون الشيء ذاته على مر تاريخ الكنيسة. عندما ينضم القادة إلى يسوع في إستراتيجيته للوصول إلى العالم، بارك الله في كافة البلدان من نواح عدة. لعلنا نتبع إستراتيجية يسوع ونرى مجد الله يتجلى في هذا البلد!"

آية الحفظ

-1 كورنثوس 11:1-
فإقتدوا بي كما أقتدي أنا بالمسيح! (NAS)

- يقف الجميع ويرددون آية الحفظ عشر مرات مع بعضهم. أول ست مرات، يمكنهم إستخدام الكتاب المقدس أو مذكراتهم. وفي الأربع مرات الأخيرة، يرددونها من الذاكرة. ترديد رقم الأية ومصدر إقتباسها قبل كل مرة يرددون فيها الآية، ويجلسون بعد الإنتهاء من ذلك.
- هذه الطريقة سوف تساعد الدارسين على تذكر ماذا كان أخر عنوان إنتهى به الجزء الخاص بـ "الممارسة".

الممارسة

"والآن دعونا نمارس ما تعلمناه عن إستراتيجية يسوع للوصول إلى العالم. سوف نتناوب في تبادل الإستراتيجية مع بعضنا البعض. ثم، ستصبح لدينا الثقة لتعليم الآخرين."

- أطلب من القادة الإنقسام إلى ثنائيات.

"خذ ورقة واحدة. إثنها إلى نصفين. ثم إثنها إلى نصفين مجدداً تماماً كما أوضح لكم. يتيح لكم هذا أربع لوحات لرسم صورة لإستراتيجية يسوع عندما نفك ثنيات الورقة."

- أطلب من القادة رسم صورة لإستراتيجية يسوع وشرحها لبعضهم البعض. يقوم الثنائي برسم صورة لإستراتيجية يسوع في الوقت نفسه. ولكن شخص واحد يقوم بتوضيح الشرح للجميع. لا يحتاج القادة إلى مراجعة الدروس من دليل خلق تلاميذ حقيقيين إثناء قيامهم برسم الصورة.
- عندما ينتهي الشخص الأول في الثنائي من الرسم وتوضيح صورة إستراتيجية يسوع، يقوم الشخص الآخر بالشيء ذاته مجدداً. يقوم الثنائي برسم صورة جديدة مرة أخرى. ثم ينبغي على كل شريكين القيام وترديد آية الحفظ معاً 10 مرات، بنفس الطريقة التي تعلمتها في وقت سابق.

"عند الإنتهاء من الرسم مرتين وترديد آية الحفظ عشر مرات مع شريكك الأول، جد شريكاً آخر وقم بممارسة هذا الدرس معه بنفس الطريقة.

عند الإنتهاء من الممارسة مع شريكك الثاني، جد شريكاً آخر."

"قم بتكرار ذلك حتى تكون قد قمت برسم وشرح إستراتيجية يسوع للوصول إلى العالم مع أربعة أشخاص مختلفين."

(عندما ينتهي القادة من هذا النشاط، ينغبي عليهم أن يكونوا قد ملؤوا الوجهين الأمامي والخلفي للورقة بإجمالي ثمان صور لإستراتيجية يسوع.)

المرحلة النهائية

يقول يسوع "إتبعني"

-متى 9:9-
وفيما كان يسوع ماراً بالقرب من مكتب جباية الضرائب، رأى جابياً إسمه متى جالساً هناك. فقال له: "إتبعني!" فقام وتبعه.

"وكان جباة الضرائب بعض من أكثر الناس إحتقاراً في زمن المسيح. ولا أحد كان يعتقد أن يسوع سوف يدعو متى لأنه كان جابياً للضرائب.

ولكن حقيقة دعوة يسوع لمتى تبين لنا أنه يهتم بالحاضر أكثر من الماضي. أنت تعتقد أن الرب لا يهمل في حياتك لأنك إرتكبت العديد من المعاصي. قد تشعر بالخجل من الأفعال التي قمت بها في الماضي. والخبر السار هو أن الله يهدي من

يختاره لإتباع يسوع اليوم. الرب يبحث عن أناس يرغبون في الإلتزام والطاعة.

عندما نتبع شخصاً ما، نقوم بتقليده أو تقليدها. فالمتعلم يستنسخ معلمه ليتعلم منه حرفة ما. الطلاب يصبحون كمعلميهم. كلنا نقلد شخصاً ما. الشخص الذي نقلده هو الشخص الذي سوف نصبح مثله.

الغرض من إتباع تدريب يسوع هو أن نظهر للقادة كيفية نسخ يسوع. نحن نؤمن بأنه كلما قلدناه كلما أصبحنا مثله. وكذلك الأمر في هذا التدريب، سوف نطرح أسئلة القيادة، وندرس الإنجيل، ونكتشف كيف قاد يسوع الآخرين، ونمارس إتباعه."

- أطلب من قائد محترم في المجموعة إنهاء الدرس بصلاة من أجل البركة والتفان في إتباع إستراتيجية يسوع للوصول إلى العالم.

2

إتباع طريقة تدريب يسوع

هناك مشكلة شائعة في الكنائس أو المجموعات النامية وهي الحاجة إلى مزيد من القادة. وغالباً ما تفشل عمليات تدريب القادة مبكراً لأنه ليست لدينا عملية بسيطة لنتبعها. الهدف من هذا الدرس هو شرح كيف درب يسوع القادة، حتى يمكننا إتباعه.

لقد درب يسوع القادة من خلال سؤالهم عن مستوى التقدم الذي أحرزوه في مهمتهم ومناقشة المشاكل التي قد تواجه القادة. كان يصلي من أجلهم أيضاً، ويساعدهم في وضع خطط لتعزيز مهمتهم. وكانت ممارستهم للمهارات التي قد يحتاجون إليها في مهامهم الدعوية في المستقبل تعد جزءاً هاماً من تدريبهم. في الدرس 2، يقوم القادة بتطبيق عملية تدريب القيادة إلى مجموعاتهم كما فعلوا في إستراتيجية يسوع للوصول إلى العالم. وأخيراً، يقوم القادة برسم "شجرة التدريب" والتي سوف تساعدهم على تنسيق التدريب والصلاة من أجل القادة الذين يقومون بتدريبهم.

الحمد والثناء

- غناء إثنتين من ترانيم العبادة معاً. أطلب من قائد أن يصلي من أجل هذا الدرس.

مستوى التقدم

- أطلب من قائد آخر في التدريب أن يتبادل شهادة قصيرة (ثلاث دقائق) عن كيفية مباركة الله لمجموعته/مجموعتها. بعد قيام القائد بتبادل شهادته، أطلب من المجموعة أن تصلي من أجله أو أجلها.

المشكلة

"تعترف المجموعات والكنائس أنها بحاجة إلى المزيد من القادة، ولكنهم في الوقت ذاته لا يعرفون كيفية تدريب قادة جدد. القيادات الحالية تتحمل المزيد من المسؤوليات والوظائف حتى تنهكهم. يطلب التابعون من القادة أن يقوموا بالمزيد والمزيد حتى يستسلم القادة في النهاية. تواجه المجموعات والكنائس هذه المشكلة في مختلف الثقافات والبلدان بشكل منتظم."

الخطة

"يمكننا تعلم كيفية تدريب قادة روحانيين. الهدف من هذا الدرس هو عرض لكيفية تدريب يسوع للقادة، حتى نتمكن من إتباعه."

المراجعة

الترحيب

من الذي يبني الكنيسة؟
لماذا نهتم بمن يبني الكنيسة؟
كيف يبني يسوع كنيسته؟
النشوء في طاعة الرب 🤚
مشاركة الإنجيل 🤚
التلمذة 🤚
إنشاء مجموعات وكنائس 🤚
خلق القادة 🤚

1- كورنثوس 11:1- فإقتدوا بي كما أقتدي أنا بالمسيح! (NAS)

كيف درب يسوع القادة؟

-لوقا 17:10-
وبعدئذ رجع الإثنان والسبعون فرحين، وقالوا: "يارب، حتى الشياطين تخضع لنا بإسمك!" (NLT)

مستوى التقدم

"عاد التلاميذ من مهمتهم وذكروا ليسوع مستوى التقدم الذي أحرزوه. وينبغي علينا التحدث مع القادة الذين ندربهم بنفس الطريقة. نظهر لهم مدى إهتمامنا بكيفية تصرف أسرهم ومدى التقدم الذي حققوه خلال دعوتهم."

🤚 مستوى التقدم
قم بثني يديك معاً ةتحريكهما إلى الأمام.

⌖

-متى 19:17-
ثم تقدم التلاميذ إلى يسوع على إنفراد وسألوه:
"لماذا عجزنا نحن أن نطرد الشيطان؟" (NLT)

المشاكل

"لقد واجه التلاميذ مشاكل أثناء دعوتهم، وطلبوا من يسوع مساعدتهم على فهم سبب فشلهم. بنفس الطريقة ينبغي علينا أن نطلب من القادة مشاكرتنا في المشاكل التي يواجهونها حتى نتمكن من التقرب إلى الرب معاً لنجد الحلول."

المشاكل
ضع يديك على رأسك وتظاهر بأنك تشد في شعرك.

⌖

-لوقا 1:10-
وبعد ذلك عين الرب أيضاً إثنين وسبعين
آخرين، وأرسلهم إثنين إثنين، ليسبقوه إلى كل
مدينة ومكان كان على وشك الذهاب إليه.

الخطط

"لقد أمد يسوع تلاميذه بخطط إستراتيجية بسيطة وروحانية ليتبعوها في مهمتهم. وبنفس الطريقة ينبغي علينا مساعدة القادة في وضع خطة لخطوتهم القادمة والتي يجب أن تكون بسيطة وتعتمد على الله وتعالج المشاكل التي يواجهونها."

الخطط
إبسط يديك اليسرى كما لو كانت ورقة وأكتب عليها بيدك اليمنى.

⌖

-يوحنا 4:1-2
ولما عرف الرب ان الفريسيين سمعوا أنه يتخذ تلاميذ ويعمد أكثر من يوحنا، مع أن يسوع نفسه لم يكن يعمد بل تلاميذه. (NLT)

الممارسة

"إن إكتشاف أن التلاميذ، وليس يسوع، هم من عمدوا المؤمنين الجدد كانت مفاجأة لعديد من القادة. في عدة مناسبات مثل تلك كان يسمح يسوع للتلاميذ بممارسة المهام التي قد يؤدونها عند صعوده إلى السماء. وبنفس الطريقة ينبغي علينا أن نعطي الفرصة للقادة من أجل ممارسة المهارات التي سوف يحتاجون إليها في مهامهم. حيث نعطيهم "مكان آمن" للممارسة وإرتكاب الأخطاء وإكتساب الثقة."

الممارسة
حرك ذراعيك إلى أعلى وإلى أسفل كما لو كنت ترفع الأثقال.

⌖

-لوقا 22:31-32-
وقال الرب "سمعان، سمعان! ها إن الشيطان قد طلبكم لكي يغربلكم كما يغربل القمح، ولكني تضرعت لأجلك لكي لا يخيب إيمانك. وأنت بعد أن تسترد، ثبت إخوتك". (CEV)

الصلاة

"علم يسوع بالفعل أن بطرس من شأنه أن يرتكب بعض الأخطاء وأنه سوف يواجه إغراءات. وعلم يسوع أن الصلاة هي أساس القوة والمثابرة في السير في معية الله. الصلاة من أجل أولئك الذين نقوم بقيادتهم هي أهم وسيلة دعم نقدمها لهم."

🖐 الصلاة
ضع يديك في "وضع الصلاة"، بالقرب من وجهك.

آية الحفظ

-لوقا 6:40-
ليس التلميذ أرفع من معلمه، بل كل من يتكمل يصير مثل معلمه! (HCSB)

- يقف الجميع ويرددون آية الحفظ عشر مرات مع بعضهم. أول ست مرات، يمكنهم إستخدام الكتاب المقدس أو مذكراتهم. وفي الأربع مرات الأخيرة، يرددونها من الذاكرة. ترديد رقم الأية ومصدر إقتباسها قبل كل مرة يرددون فيها الآية، ويجلسون بعد الإنتهاء من ذلك.
- هذه الطريقة سوف تساعد الدارسين على تذكر ماذا كان أخر عنوان إنتهى به الجزء الخاص بـ "الممارسة".

الممارسة

- تقسيم القادة إلى مجموعات من أربعة.
- التنقل بين خطوات عملية التدريب خطوة بخطوة، مع منحهم 7-8 دقائق لمناقشة كل من الأجزاء التالية.

المراجعة

"ما هي الأجزاء الخمسة في إستراتيجية يسوع للوصول إلى العالم؟"

- إرسم رسماً تخطيطياً على اللوحة بجواب القادة.

مستوى التقدم

"أي جزء من أجزاء إستراتيجية يسوع للوصول إلى العالم يعتبر تنفيذه أسهل ضمن مجموعتك؟"

المشاكل

"قم بتبادل المشاكل التي واجهتها مجموعتك في إستراتيجية يسوع للوصول إلى العالم. وأي جزء من تلك الإستراتيجية يصعب تنفيذه ضمن مجموعتك؟"

الخطط

"تبادل مهمة واحدة سوف تقود مجموعتك للقيام بها خلال الـ 30 يوماً القادمة والتي سوف تساعدهم على إتباع إستراتيجية يسوع للوصول إلى العالم على نحو أكثر فعالية."

- يقوم الجميع بتسجيل خطط شركائهم حتى يمكنهم الصلاة من أجلهم لاحقاً.

الممارسة

"تبادل مهارة واحدة والتي سوف تقوم شخصياً بممارستها خلال الـ 30 يوماً القادمة لمساعدتك على تحسين قدراتك كقائد لمجموعتك."

- يقوم الجميع بتسجيل مهارات شركائهم حتى يمكنهم الصلاة من أجلهم لاحقاً.
- بعد تبادل الجميع لتلك المهارة يقومون بممارستها، يقف أعضاء المجموعة ويرددون آية الحفظ عشر مرات معاً.

الصلاة

"ضمن مجموعتك الصغيرة، يجب قضاء بعض الوقت في الصلاة من أجل خطط ومهارات بعضكم البعض التي سوف تمارسونها خلال الـ 30 يوماً القادمة من أجل تحسين قدراتكم كقادة."

المرحلة النهائية

شجرة التدريب

"تعد شجرة التدريب أداة مفيدة للتنظيم والصلاة من أجل الناس الذين نقوم بتدريبهم ليصبحوا قادة."

- أرسم في ورقة بيضاء جذع شجرة، وجذزرها وخط يوضح مستوى الأعشاب جانبها.

”وأبدأ أنا في رسم شجرة تدريبي هكذا. أرسم جذع الشجرة ثم بعض الجدور وأخيراً العشب. يقول القتاب المقدس أن جذرنا هو يسوع، لذا سوف أكتب إسمه هنا. وبما أن هذه الرسمة هي شجرة تدريبي، سوف أضع إسمي على الجذع.“

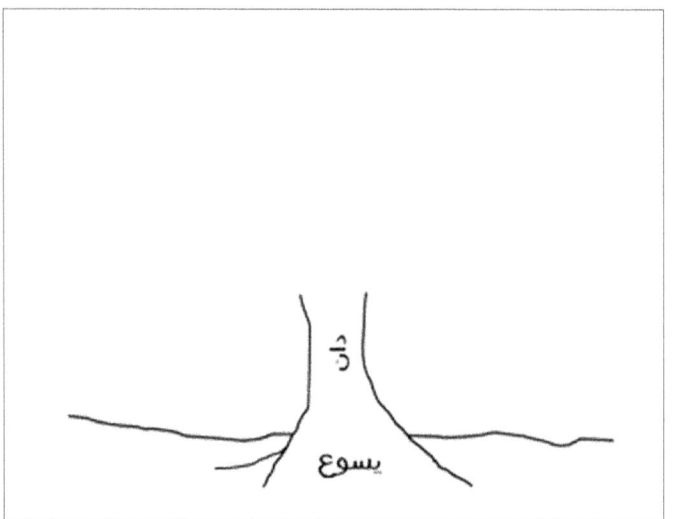

- قم بتسمية منطقة الجذر ”يسوع“ وأكتب إسمك على جذع الشجرة.

”لقد إستثمر يسوع أغلب فترات تدريبه مع ثلاثة أفراد هم: بطرس ويعقوب ويوحنا. وأنا أريد أن أقلده، لذلك سوف أفعل الشيء ذاته. لقد وهبني الله ثلاثة قادة حتى أستثمر معظم وقت تدريبي فيهم.“

- أرسم ثلاثة فروع متفرعة من جذع الشجرة. وفي الجزء العلوي من كل فرع، ضع إسماً لثلاثة قادة أساسيين تقوم بتدريبهم.

"لقد درب يسوع ثلاثة قادة وبين لهم كيفية تدريب الآخرين. إذا قام كل منهم بتدريب ثلاثة آخرين (كما فعل يسوع)، سوف نصبح جميعاً إثني عشر. حسناً، كان لدى يسوع إثنا عشر تلميذاً. أليس هذا أمر مثير للإهتمام؟"

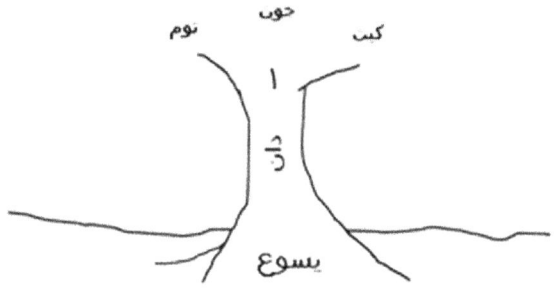

- الآن أرسم ثلاثة فروع أخرى تتفرع من كل قائد أساسي تقوم بتدريبه. وضع على الجزء العلوي لكل منها إسم شخص يقوم هذا القائد بتدريبه. قم بتبادل أي قصص تخطر ببالك بفضل الروح القدس حول شجرة التدريب. وأرسم الأوراق حول فروع الشجرة لتكتمل شجرتك.

"الآن أريدك أن ترسم "شجرة التدريب" الخاصة بك. قد تحتاج إلى كتابة بعض أسماء "المؤمنين" ولكن أبذل قصارى جهدك ليكون لديك إثنا عشر شخص في شجرة تدريبك. أول ثلاثة أفرع هم القادة الرئيسيين الذين سوف تدربهم. وكل من هؤلاء الثلاثة لديه ثلاثة أفرع بأسماء القادة الذين سوف يقضون أغلب أوقاتهم يدربونهم."

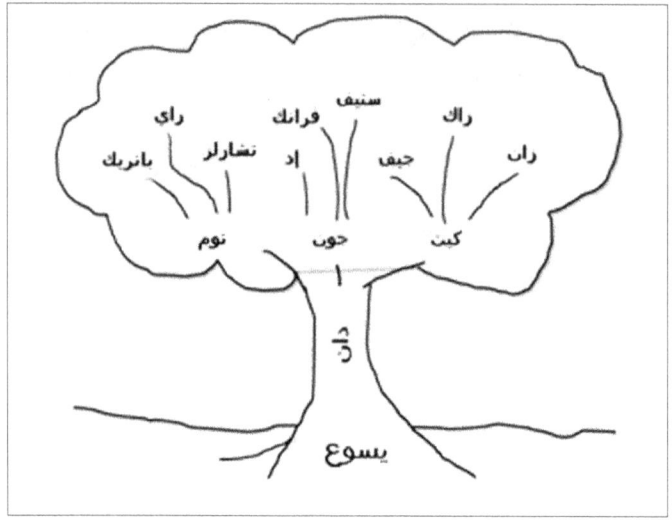

- بينما يرسم القادة "شجرة التدريب" الخاصة بهم، قم بطرح ما يلي:

"كثيراً ما يسألني البعض، "كيف يمكنني تدريب القادة؟" قال يسوع إطرح ما لديك وسوف تجد الإجابة. هل سبق لكم أن سألتموه عما تريدون؟ هذا التدريب سوف يمنحكم الأداة التي تمكنكم من تدريب القادة.

آخرون يقولون، "لا أعرف أي شخص يمكنني تدريبه كقائد." قال يسوع إبحثوا تجدوا. هل بحثت يوماً عن أشخاص لتدريبهم أو أنك تنتظر هم ليأتوا إليك؟ لقد قال "إبحثوا" ولم يقل "إنتظروا."

لا يزال آخرون يسألون، "أين ينبغي أن أبدأ في تدريب القادة؟" قال يسوع بأن تطرق الباب وسوف يفتح لك. هل سبق لك أن طرقت باباً؟ سوف يباركك الرب ويهديك إلى الطريق الذي يؤدي بنا إلى أول خطوة للإيمان.

في معظم الأحيان كوننا لا نملك "شجرة التدريب" فإننا لا نبحث، ولا نطرق، ولا نسعى وراء أحد. عندما نطيع أوامر يسوع، وبقلب ملئ بالحب، سوف يمنحنا الرب فرص تدريب أكثر مما نتخيل.

هذه الأداة سوف تساعدك على تدريب قادة آخرين في تحديد مستوى التقدم والمشاكل والخطط والممارسة والصلاة."

- أطلب من قائد في المجموعة أن ينهي هذا الدرس بالصلاة.

"الصلاة من أجل القادة الموودن على أشجار التدريب والخطط التي وضعناها في مجموعاتنا الصغيرة. والصلاة من أجل النقاط التي سوف نمارسها حتى نحسن من قدراتنا كقادة خلال الشهر المقبل."

راي
باتريك
تشارلز
ستيف
فرانك
إد
زاك
جيف
زان
توم
جون
كيت
دان
يسوع

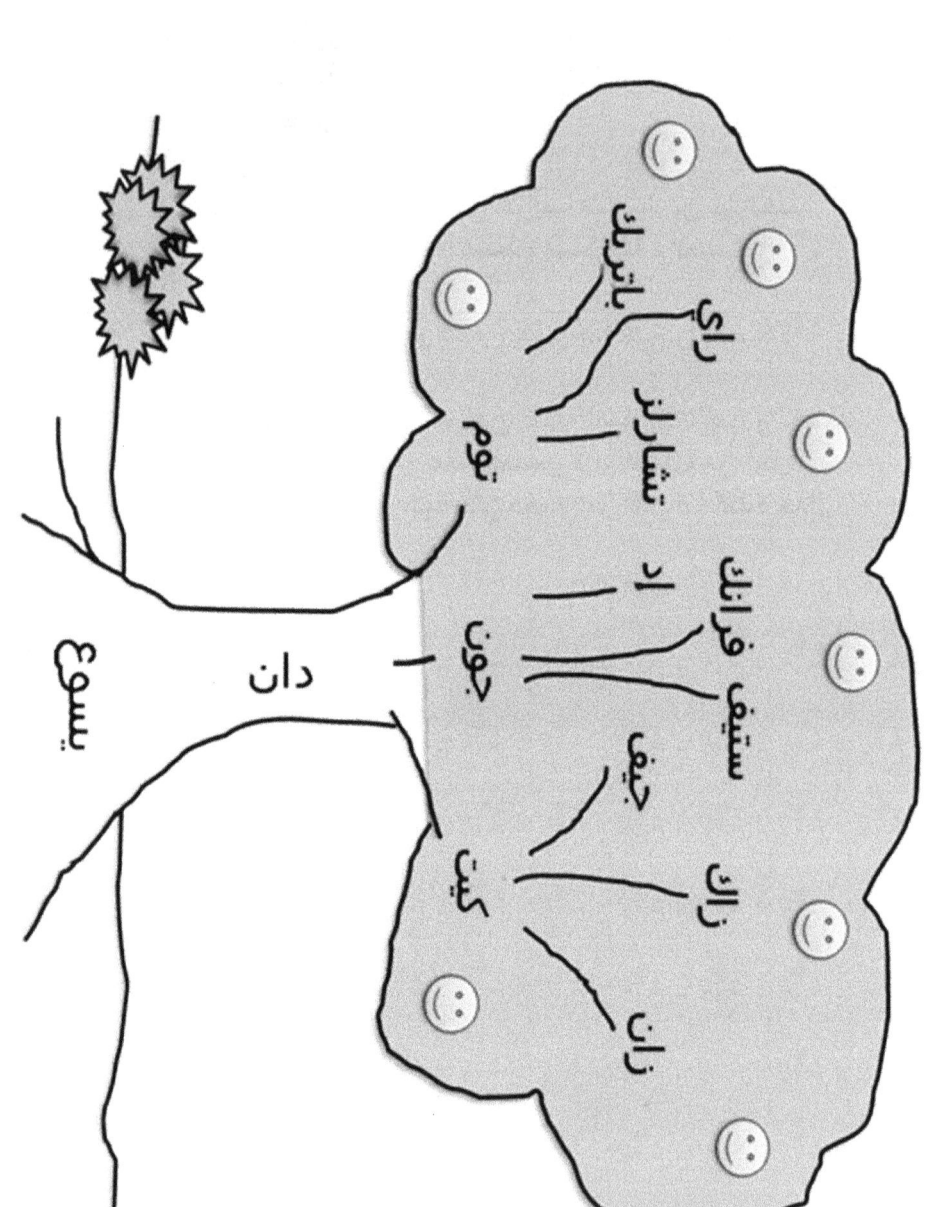

3

إتباع طريقة قيادة يسوع

يسوع المسيح هو أعظم قائد على مر العصور. لم يؤثر أحد على أناس أكثر مما فعل يسوع. الدرس 3 يقدم لكم سبع خصائص للقائد العظيم، إعتماداً على أسلوب قيادة يسوع. مما ينعكس على تقوية أو إضعاف التجارب القيادية للقادة. وينتهي الدرس بلعبة بناء الفريق الذي يعرفنا على قوة "القيادة المشتركة."

كل شيء يكون على عاتق القائد، لذلك سوف نتعرف على الكيفية التي قاد بها يسوع تلاميذه، حتى نتمكن من تقليده. لقد أحبهم يسوع حباً كبيراً، وفهم مهمته، وعرف مشاكل المجموعة، وأعطى أتباعه مثالاً ليحتذوا به، وكان لطيفاً معهم، وكان يعلم أن الرب يبارك طاعته. كل شيء ينبع من قلوبنا. لذلك، فإن قلوبنا هي النقطة التي يجب أن نبدأ بها كقادة.

الحمد والثناء

- غناء إثنتين من ترانيم العبادة معاً. أطلب من قائد أن يصلي من أجل هذا الدرس.

مستوى التقدم

- أطلب من قائد آخر في التدريب أن يتبادل شهادة قصيرة (ثلاث دقائق) عن كيفية مباركة الله لمجموعته/مجموعتها. بعد قيام القائد بتبادل شهادته، أطلب من المجموعة أن تصلي من أجله أو أجلها.
- بدلاً من ذلك، إجعل وقت للتدريب بينما يقوم قائد بإستخدام عملية تدريب القيادة "مستوى التقدم، المشاكل، الخطة، الممارسة، والصلاة".

المشكلة

"إن العالم ملء بالقادة الذين تختلف أساليب قيادتهم. بما أننا تابعي يسوع، كيف ينبغي أن يكون أسلوب قيادتي؟"

الخطة

"يسوع هو أعظم قائد على مر العصور. لم يؤثر أحد على أناس أكثر مما فعل يسوع. في هذا الدرس سوف نتعرف على كيفية قيادة يسوع للآخرين، حتى نقلده."

المراجعة

التر حيب
من الذي يبني الكنيسة؟
لماذا نهتم بمن يبني الكنيسة؟
كيف يبني يسوع كنيسته؟
النشوء في طاعة الرب
مشاركة الإنجيل
التلمذة
إنشاء مجموعات وكنائس
خلق القادة

1- كورنثوس -1:11 فإقتدوا بي كما أقتدي أنا بالمسيح! (NAS)

إتباع طريقة تدريب يسوع
كيف درب يسوع القادة؟
مستوى التقدم
المشكلات
الخطط
الممارسة
الصلاة

-لوقا 40:6- ليس التلميذ أرفع من معلمه، بل كل من يتكمل يصير مثل معلمه! (HCSB)

كيف وصف يسوع القائد العظيم؟

-متى 25:20-28-
فإستدعاهم يسوع جميعاً وقال: "تعلمون أن حكام الأمم يسودونهم، وعظماءهم يتسلكون عليهم. وأما أنتم، فلا

يكن ذلك بينكم، وإنما أي من أراد أن يصير عظيماً بينكم، فليكن لكم خادماً، وأي من أراد أن يصير أولاً فيكم، فليكن لكم عبداً، فهكذا إبن الإنسان: قد جاء لا ليخدم، بل ليخدم ويبذل نفسه فدية عن كثيرين." (NLT)

"إن أعظم قائد هو أعظم خادم."

✋ ألقي التحية كجندي ثم ضع يديك معاً وإنحني كالخادم.

ما هي الصفات السبع للقائد العظيم؟

-يوحنا 13:1-17-

1 وقبيل عيد الفصح، ويسوع عالم أن ساعته قد حانت ليرحل من هذا العالم إلى الآب، فإذ كان قد أحب خاصته الذين في العالم، أحبهم الآن أقصى المحبة. 2 ففي أثناء العشاء، وكان الشيطان قد وضع في قلب يهودا بن سمعان الإسخريوطي أن يخون يسوع. 3 وكان يسوع عالماً أن الآب قد جعل كل شيء في يديه وأنه من الله خرج وإلى الله سيعود. 4 نهض عن مائدة العشاء، وخلع رداءه وأخذ منشفة لفها على وسطه. 5 ثم صب ماء في وعاء للغسل، وبدأ يغسل أقدام التلاميذ ويمسحها بالمنشفة التي على وسطه. 6 فلما وصل إلى سمعان بطرس، قال له سمعان: "يا سيد، أنت تغسل قدمي!" 7 فأجابه يسوع: "أنت الآن لا تفهم ما أعمله، ولكنك ستفهم فيما بعد". 8 ولكن بطرس أصر قائلاً: لا، لن تغسل قدمي أبداً!" فأجابه يسوع: "إن كنت لا أغسلك، فلا يكون لك نصيب معي!"

9 عندئذ قال له سمعان بطرس: "ياسيد، لا قدمي فقط، بل يدي ورأسي أيضاً!".

10 فقال يسوع: "من إغتسل صار كله نقياً، ولا يحتاج إلا لغسل قدميه. وأنتم أنقياء، ولكن ليس كلكم".

11 فإن يسوع كان يعلم من الذي سيخونه، ولذلك قال: "لستم كلكم أنقياء".

12 وبعدما إنتهى من غسل أقدامهم، أخذ رداءه وإتكأ من جديد، وسألهم: "أفهمتم ما عملته لكم؟

13 أنتم تدعونني معلماً وسيداً، وقد صدقتم، فأنا كذلك.

14 فإن كنت، وأنا السيد والمعلم، قد غسلت أقدامكم، فعليكم أنتم أيضاً أن يغسل بعضكم أقدام بعض.

15 فقد قدمت لكم مثالاً لكي تعملوا مثل ما عملت أنا لكم.

16 الحق الحق أقول لكم: ليس عبد أعظم من سيده، ولا رسول أعظم من مرسله.

17 فإن كنتم قد عرفتم هذا، فطوبى لكم إذا عملتم به.

1. القادة العظام يحبون الناس

"في الآية 1، كان يسوع وتلاميذه يتناولون العشاء الاخير قبل أن يصلب المسيح. يقول الكتاب المقدس أن يسوع أحبهم للغاية، وأظهر لهم حبه في هذا العشاء.

كقائد، يصعب على الناس أن يحبونك إذا كانوا يرتكبون الأخطاء، ولكن يسوع أحب الناس الذين قادهم حتى النهاية.

كقائد، يصعب على الناس أن يحبونك إذا كانوا ينتقدونك، ولكن يسوع أحب الناس الذين قادهم حتى النهاية.

كقائد، يصعب على الناس أن يحبونك إذا خذلوك، ولكن يسوع أحب الناس الذين قادهم حتى النهاية.

أحب الناس
ضع يديك على صدرك

2. القادة العظام يعرفون مهمتهم

" في الآية 3، يقول الكتاب المقدس أن يسوع قد علم من حيث آتى وإلى أين هو ذاهب، وأن الرب قد وضع كل شيء تحت سلطته.

علم يسوع أنه قد أتى إلى الأرض لهدف.

علم يسوع أنه قد آتى إلى الأرض ليموت على الصليب لخطايانا.

علم يسوع أنه قد آتى إلى الأرض لمحاربة الشيطان وهدايتنا إلى الرب.

يكلف الله كل شخص بمهمة فريدة من نوعها ليقوم بها على الأرض. القادة العظام يعلمون مهمتهم ويلهمون الآخرين لإتباعهم."

يعلمون مهمتهم
قف كجندي وحرك رأسك كما لو كنت تقول "نعم".

3. القادة العظام يخدمون أتباعهم

"في الآية 4، نهض يسوع عن مائدة الطعام وأخذ رداءه. ثم لف منشفة حول وسطه وأخذ يغشل في أقدام تلاميذه.

قادة العالم يتوقعون أن يخدمهم أتباعهم. ولكن قادة مثل يسوع يخدمون أتباعهم.

قادة العالم يمارسون السلطة والسيطرة على من يقودونهم. ولكن قادة مثل يسوع يمنحون القوة لأتباعهم.

قادة العالم يركزون على أنفسهم وليس على الناس الذين يقودونهم. وفي المقابل قادة مثل يسوع يركزون على إحتياجات أتباعهم، ويعلمون أن الرب سوف يلبي إحتياجاتهم بينما يهتمون هم بالآخرين. بارك الله فينا حتى نبارك الآخرين.''

🖐 يخدمون أتباعهم
إنحني إجلالاً بكلتا يديك كما في وضعية الصلاة.

4. القادة العظام يصححون بلطف

''في الآيات من 6 إلى 9، إرتكب بطرس أخطاء عدة، ولكن في كل مرة كان يسوع يصححها له بلطف.

قال بطرس ليسوع لا تغسل قدمي. فأخبره يسوع أنه ضروري لصداقتهما. لقد صحح خطأه بلطف.

ثم قال بطرس ليسوع إغسل جسدي كله. فأخبره يسوع أن جسده نظيف. فصحح له خطأه مرة أخرى بلطف.

قادة العالم ينتقدون، ويلومون، ويقهرون الناس. ولكن قادة مثل يسوع كان يصححون الأخطاء بلطف، ويشجعون أتباعهم ويقربونهم منهم.''

🖐 التصحيح بلطف
إصنع شكل القلب بأصابع الإبهام والسبابة لكلتا اليدين.

5. القادة العظام يعلمون المشاكل الحالية في المجموعة

"في الآيات 10 و 11، يقول الكتاب المقدس أن يسوع كان يعلم أن يهودا كان يشكل مشكلة في المجموعة وأنه سوف يخونه.

فهم ما هي المشاكل الموجودة في المجموعة ومواجهتها يعتبر جزءاً هاماً من القيادة. العديد من القادة يحاولون إخفاء المشاكل التي تواجه مجموعتهم، ونتيجة لذلك يتزايد حجم المشكلة.

لاحظ كيف أن يسوع قد أظهر ضبط النفس في تعامله مع يهودا، لأنه كان يعلم أن الله هو فقط من يقوم برد كيد الشيطان، وليس القادة أنفسهم."

🖐 مشاكل المجموعة
ضع يديك على رأسك كما لو كنت تعاني من الصداع.

6. القادة العظام يعطون مثالاً يحتذى به

"في الآيات من 12 إلى 16، وضح لهم يسوع لماذا قام بغسل أقدامهم. لقد كان قائدهم، حتى غسل أقدامهم ليكون خادمهم. لقد بين يسوع لتلاميذه أن القيادة تتضمن خدمة بعضهم البعض.

والأتباع يعسكون ويقلدون صورة قادتهم. إذا كنا نتبع يسوع، يكون أتباعنا تابعين ليسوع كذلك."

🖐 يكونون مثالاً يحتذى به
أشر إلى الجنة وحرك رأسك إشارة إلى "نعم".

7. القادة العظام يعلمون أنهم مباركون من الله

"في الآية 17، قال يسوع لتلاميذه أن الله سيباركهم بينما يقودون الأخرين بخدمتهم لهم.

قيادة الأخرين قد تكون صعبة في بعض الأحيان، ولكن أولئك الذين يتبعون يسوع يعلمون أن الله يباركهم.

قيادة الأخرين قد تشعر القائد بالوحدة في بعض الأحيان، ولكن يسوع يبارك الذين يقودون الآخرين بوجوده.

الأتباع لا يقدرون قادتهم دائماً، ولكن يسوع وعدنا بدعم الله عندما نتبع قدوته بقيادة الآخرين عن طريق خدمتهم."

يعلمون أنهم مباركون
إرفع يديك بالحمد والثناء للسماء.

آية الحفظ

-يوحنا 13:14-15-
فإن كنت وأنا السيد والمعلم، قد غسلت أقدامكم، فعليكم أنتم أيضاً أن يغسل بعضكم أقدام بعض. فقد قدمت لكم مثالاً لكي تعملوا مثل ما عملت أنا لكم.

- يقف الجميع ويرددون آية الحفظ عشر مرات مع بعضهم. أول ست مرات، يمكنهم إستخدام الكتاب المقدس أو مذكراتهم. وفي الأربع مرات الأخيرة، يرددونها من الذاكرة. ترديد رقم الأية ومصدر إقتباسها قبل كل مرة يرددون فيها الآية، ويجلسون بعد الإنتهاء من ذلك.
- هذه الطريقة سوف تساعد الدارسين على تذكر ماذا كان أخر عنوان إنتهى به الجزء الخاص بـ "الممارسة".

الممارسة

- تقسيم القادة إلى مجموعات من أربعة.

"الآن سوف نستخدم طريقة التدريب نفسها التي إستخدمها يسوع لممارسة ما تعلمناه في هذه الدرس."

- التنقل بين خطوات عملية التدريب خطوة بخطوة، مع منحهم 7-8 دقائق لمناقشة كل من الأجزاء التالية.

مستوى التقدم

"ناقش مع مجموعتك أي الصفات السبع للقائد العظيم هي الأسهل بالنسبة لك."

المشاكل

"ناقش مع مجموعتك أي الصفات السبع للقائد العظيم هي الأكثر تحدياً بالنسبة لهم."

الخطط

"تبادل مهمة واحدة سوف تقود مجموعتك للقيام بها خلال الـ 30 يوماً القادمة والتي سوف تساعدهم على إتباع طريقة قيادة يسوع."

- يقوم الجميع بتسجيل خطط شركائهم حتى يمكنهم الصلاة من أجلهم لاحقاً.

الممارسة

"تبادل مهارة واحدة والتي سوف تقوم شخصياً بممارستها خلال الـ 30 يوماً القادمة لمساعدتك على تحسين قدراتك كقائد لمجموعتك."

- يقوم الجميع بتسجيل مهارات شركائهم حتى يمكنهم الصلاة من أجلهم لاحقاً.
- بعد تبادل الجميع لتلك المهارة يقومون بممارستها، يقف أعضاء المجموعة ويرددون آية الحفظ عشر مرات معاً.

الصلاة

"ضمن مجموعتك الصغيرة، يجب قضاء بعض الوقت في الصلاة من أجل خطط ومهارات بعضكم البعض التي سوف تمارسونها خلال الـ 30 يوماً القادمة من أجل تحسين قدراتكم كقادة."

المرحلة النهائية

لعبة التشينلون

- أطلب من ستة متطوعين بعرض قدراتهم في لعبة التشينلون* إلى المجموعة. وساعد الستة في تشكيل دائرة للعب في وسط الغرفة.

"لقد دعوت فريق شهير في لعبة التشينلون لإظهار مهاراتهم. دعونا نصفق لهم بأيدينا لإظهار تقديرنا لمجيئهم."

- رتب اللاعبين على أن يكون شخص واحد يقف أما المجموعة كقائد لها "القائد" وأطلب من الأخرين أن يشكلوا صفين في مواجهة القائد.

"أولاً، سوف يوضح لكم الفريق الشهير في لعبة التشينلون كيفية لعب اللعبة بالطريقة "اليونانية". إنتبهوا إلى قواعد اللعبة التي سوف يطبقونها. يجب على كل لاعب أن يركل كرة التشينلون إلى القائد. وبعد أن يتلقى القائد الكرة، سوف يركلها بإتجاه لاعب أخر. سوف يعاقب اللاعبون الذين يركلون الكرة بإتجاه لاعب آخر غير القائد."

- أطلب من قائد الفريق أن يشرح الطريقة "اليونانية" للعب التشينلون. لعب التشينلون بهذه الطريقة سوف يكون محرجاً ومربكاً بالنسبة للاعبين. بأسلوب فكاهي، قم بالصراخ في وجه من يمرر الكرة بإتجاه لاعب أخر غير القائد قائلاً "مخالفة" وصحح لهم أخطاءهم وأرهم طريقة اللعب الصحيح بأن يمرروا الكرة فقط إلى القائد.

"ماذا حدث أثناء لعب التشينلون هكذا؟" (كان اللعب بهذه القواعد صعباً. وظهر على اللاعبين علامات الملل. ولم تكن لعبة ممتعة)

- الآن، أطلب من اللاعبين تشكيل دائرة التشينلون، بحيث يكون "القائد" في وسطها.

"هذه المرة سوف نلعب لعبة التشينلون بالطريقة العبرية، ولكن القائد سوف يكون هو المسيطر على كل شيء. سوف نستخدم القواعد السابقة - يجب على اللاعبين ركل الكرة بإتجاه القائد فقط وليس بإتجاه الآخرين."

إتباع طريقة قيادة يسوع

ماذا حدث أثناء لعب التشينلون هكذا؟" (لعب القائد كثيراً مما آدي إلى إرهاقه. وإرتكب اللاعبون أخطاءاً كثيرة. وكانت اللعبة مملة.)

- قم بتشكيل دائرة تشينلون تقليدية بكل الأشخاص، بما في ذلك القائد. وأخبرهم أنه لا يتوجب عليهم ركل الكرة بإتجاه القائد في كل مرة. أطلب منهم لعب التشينلون بالطريقة التي يلعبونها بها دائماً.

"الآن سوف يوضح لكم الفريق الشهير في لعبة التشنيلون كيفية لعب التشنيلون بالطريقة العبرية."

- دعهم يلعبون لعدة دقائق حتى يشعر كل الموجودين بالدرس بمتعة مشاهدتهم والتعليق على طريقة لعبهم.

"ماذا حدث أثناء اللعب بهذه الطريقة؟ (شارك كل الفريق في اللعب. وكان آداء الفريق ناجحاً. وقاموا بحركات مذهلة.)

الطريقة الثالثة في لعب التشينلون كانت مثالاً جيداً للقيادة الخدمية. كان القائد يساعد الجميع في المجموعة حتى يساهموا في اللعبة. ولم يدير القائد كل شيء بنفسه، ولكنه أعطى الحرية للآخرين من أجل عرض مواهبهم وأسلوبهم الفريد. هذا هو مثال القيادة التي علمنا إياها يسوع وأمرنا بإتباعها."

- أطلب من قائد في المجموعة أن ينهي الدرس بالصلاة.

"الصلاة من أجل كل القادة بأن يقودوا الآخرين كما كان يفعل يسوع ومن أجل الخطط التي وضعناها في مجموعاتنا الصغيرة. والصلاة أيضاً للمهارات التي سوف نمارسها من أجل تحسين قدراتنا كقادة خلال الـ 30 يوماً القادمة."

* لعبة التشينلون هي لعبة تقليدية يلعبها الشباب في ميانمار. حيث يشكل المشاركون دائرة ويمررون علبة معدنية إلى بعضهم البعض بإستخدام أقدامهم فقط. الهدف من التشينلون هو الحفاظ على الكرة وعدم سقوطها على الأرض لأطول وقت ممكن. عادة ما يتقن اللاعبون لهذه اللعبة حركات مهارية خاصة مما يذهل المتفرجين. إرتفاع ودقة التمريرة يظهر الفارق الواضح بين المشاركين والمتفرجين.

يلعب الناس لعبة التشينلون في أنحاء آسيا، ولكن لكل دولة إسمها الخاص الذي تطلقه على هذه اللعبة. تحقق من السكان المحليين لمعرفة الإسم المحلي لهذه اللعبة في المكان الذي تقوم بالتدريب فيه.

إذا كنت تقوم بتدريب القادة في منطقة لا يعرفون لعبة مثل "التشينلون"، يمكنك إستخدام أي شيء بديل للكرة. أو إستخدام بالون للقيام بنفس خطوة التدريب.

4

النشوء في طاعة الرب

القادة الذين تقوم بتدريبهم يقودون بالفعل مجموعات ويعرفون مدى الحاجة إلى قيادة الآخرين. يواجه القادة حروب روحانية من خارج المجموعة كما يواجهون أيضاً شخصيات مختلفة ضمن المجموعة التي يقودونها. ويعتبر أساس القيادة الفعالة هو تحديد أنواع الشخصية المختلفة ومعرفة كيفية العمل معها بكفاءة في فريق واحد. درس ''النشوء في طاعة الرب''، سوف يعطي القادة طريقة سهلة لمساعدة الناس على إكتشاف أنواع شخصياتهم. عندما نفهم كيف خلقنا الله، يكون لدينا أدلة قوية حول كيفية النشوء في طاعته.

هناك ثمان صور للشخصية: الجندي، الباحث، الراعي، الزارع، الإبن/الإبنة، القدوس، العبد، الخادم. بعد مساعدة القادة في تحديد نوع شخصياتهم، يناقش الطلاب نقاط الضعف والقوة لكل نوع. يفترض الكثير من الناس أن الله يحب الشخصيات التي تقدرها مجتمعاتهم. زعماء آخرون يعتقدون أن القدرة على القيادة تعتمد على نوع الشخصية. هذه المعتقدات تعتبر خاطئة بكل بساطة. وينتهي الدرس بالتشديد على القادة على معاملة الناس كأفراد. ويجب على تدريب القيادة تلبية الإحتياجات الفردية وألا تكون نفس الإحتياجات تناسب الجميع.

الحمد والثناء

- غناء إثنتين من ترانيم العبادة معاً. أطلب من قائد أن يصلي من أجل هذا الدرس.

مستوى التقدم

- أطلب من قائد آخر في التدريب أن يتبادل شهادة قصيرة (ثلاث دقائق) عن كيفية مباركة الله لمجموعته/مجموعتها. بعد قيام القائد بتبادل شهادته، أطلب من المجموعة أن تصلي من أجله أو أجلها.
- بدلاً من ذلك، إجعل وقت للتدريب بينما يقوم قائد بإستخدام عملية تدريب القيادة "مستوى التقدم، المشاكل، الخطة، الممارسة، والصلاة".

المشكلة

"في كثير من الأحيان يتوقع القادة عن طريق الخطأ أن يتصرف أتباعهم بنفس الطريقة. ومع ذلك، خلق الله الناس بشخصيات كثيرة ومختلفة. لذلك يعد تحديد نوع الشخصية عاملاً أساسياً في القيادة الفاعلة ومعرفة كيفية العمل في فريق واحد بشكل أكثر فعالية.

يسوع الإبن يريد أن يسود الحب والوحدة الوطنية بين أفراد عائلته. فهم الأنواع المختلفة للشخصية يساعدنا في حب بعضنا بشكل أكبر."

الخطة

"في هذا الدرس، سوف نتعلم ثمانية أنواع مختلفة للشخصية. سوف نكتشف أي شخصية قد منحها الله لك، وكيف نساعد الآخرين في التعرف على نوع شخصياتهم. يمكن لكل مؤمن النشوء في طاعة الله عندما يعلم كيف خلقه الله."

المراجعة

الترحيب
من الذي يبني الكنيسة؟
لماذا نهتم بمن يبني الكنيسة؟
كيف يبني يسوع كنيسته؟
النشوء في طاعة الرب 🖐
مشاركة الإنجيل 🖐
التلمذة 🖐
إنشاء مجموعات وكنائس 🖐
خلق القادة 🖐

1- كورنثوس 11:1- فإقتدوا بي كما أقتدي أنا بالمسيح! (NAS)

إتباع طريقة تدريب يسوع
كيف درب يسوع القادة؟
مستوى التقدم 🖐
المشكلات 🖐
الخطط 🖐
الممارسة 🖐
الصلاة 🖐

ـلوقا 6:40- ليس التلميذ أرفع من معلمه، بل كل من يتكمل يصير مثل معلمه! (HCSB)

إتباع طريقة قيادة يسوع
كيف وصف يسوع القائد العظيم؟ 🖐
ما هي الصفات السبع للقائد العظيم؟
1. القادة العظام يحبون الناس 🖐
2. القادة العظام يعرفون مهمتهم 🖐
3. القادة العظام يخدمون أتباعهم 🖐
4. القادة العظام يصححون بلطف 🖐
5. القادة العظام يعلمون المشاكل الحالية في المجموعة 🖐
6. القادة العظام يعطون مثالاً يحتذى به 🖐
7. القادة العظام يعلمون أنهم مباركون من الله 🖐

ـيوحنا 13:14-15- فإن كنت وأنا السيد والمعلم، قد غسلت أقدامكم، فعليكم أنتم أيضاً أن يغسل بعضكم أقدام بعض. فقد قدمت لكم مثالاً لكي تعملوا مثل ما عملت أنا لكم.

ما هي الشخصية التي وهبها الله لك؟

- أطلب من القادة رسم دائرة كبيرة على ورقة بيضاء في دفاترهم.

"الدائرة التي أرسمها تمثل كافة الناس في العالم."

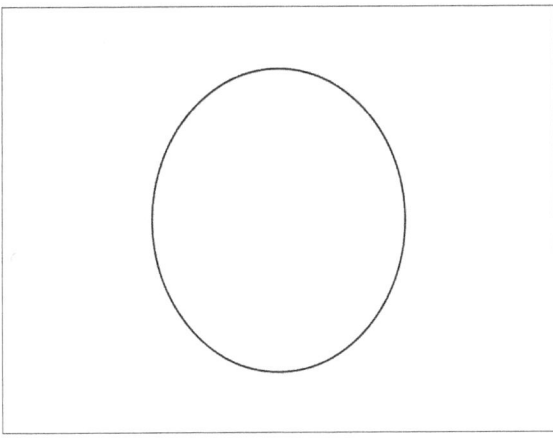

- أطلب من القادة رسم خط أفقي الذي يقسم الدائرة إلى نصفين. قم بتسمية الجانب الأيمن من الدائرة ''العلاقات'' والجانب الأيسر ''المهام.''

''كل شخص يندرج في إحدى مجموعتين: أشخاص ''يركزون على المهام'' أكثر وأشخاص ''يركزون على العلاقات'' أكثر. لقد خلق الله كلا النوعين، لذلك لا يوجد من هو أفضل ومن هو أسوأ، وهذه هي الطريقة التي خلقنا الله بها. إختر نقطة على الخط التي تعتقد أنها تمثل نوعية شخصيتك.''

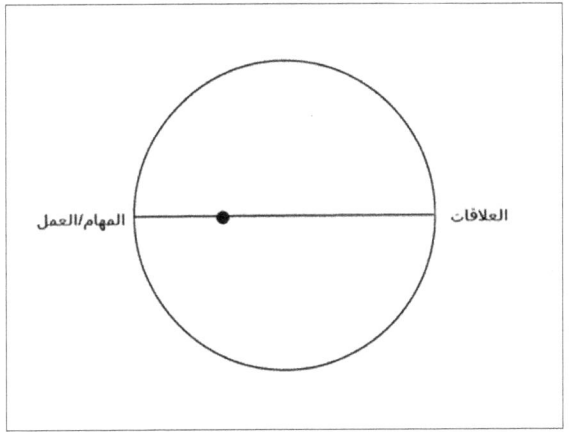

(الشخص الذي تميل شخصيته للتركيز على المهام سوف يضع نقطة بالقرب من الجانب الأيسر. والشخص الذي تميل شخصيته للتركيز على العلاقات سوف يضع نقطة بالقرب من الجانب الأيمن. إذا كان الشخص في المنتصف بينهما سوف يضع النقطة بالقرب من مركز الدائرة ولكنها في الوقت ذاته لا تزال على أحد الجانبين.)

"تبادل النتائج مع من بجوارك لنرى ما إذا كان جارك يتفق معك على النقطة التي إخترتها. قم بتخصيص 5 دقائق للقيام بذلك."

- أطلب من القادة رسم خط عمودي يقسم الدائرة إلى أربعة أجزاء متساوية. وقم بتسمية الجزء العلوي من الدائرة "إجتماعي" والجزء السفلي "إنطوائي".

"كل شخص في العالم يندرج في إحدى مجموعتين: أشخاص يركزون على "الخارج" وهم "الإجتماعيون) وأشخاص يركزون على "الداخل" وهم (الإنطوائيون). بغض النظر عن أيهما أفضل أو أسوأ. هذه هي الطريقة التي خلقنا الله بها.

إختر نقطة على هذا الخط الرأسي التي تعتقد أنها تمثلك."

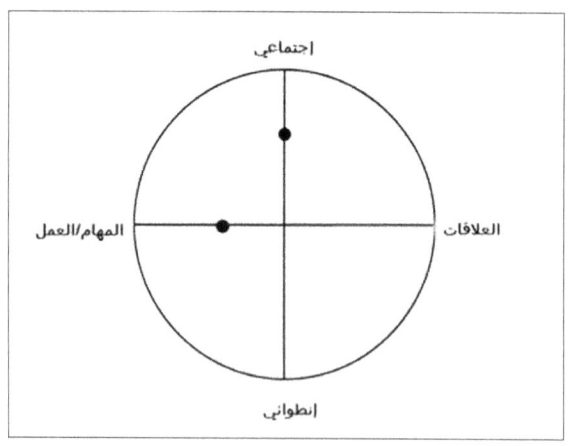

(الشخص الذي يركز على الخارج سوف يختار نقطة بالقرب من أعلى الدائرة. والشخص الذي يركز على الداخل سوف يختار نقطة بالقرب من أسفل الدائرة. إذا كان الشخص تركيزه وسطي، أخبره بأن يضع نقطة بالقرب من مركز الدائرة ولكنها في الوقت ذاته لا تزال في أحد النصفين.)

"تبادل النتائج مع من بجوارك لنرى ما إذا كان جارك يتفق معك على النقطة التي إخترتها. قم بتخصيص 5 دقائق للقيام بذلك."

- أطلب من القادة رسم خطين قطريين بشكل علامة "X" واللذان سوف يقسمان الدائرة إلى ثمانية أجزاء متساوية.
- يقوم القادة بعد ذلك برسم خطين منقطين لتحديد مكان إندراج شخصية كل منهم.
- الرسم أدناه يوضح الشكل الكامل لشخص يمتلك شخصية الباحث.

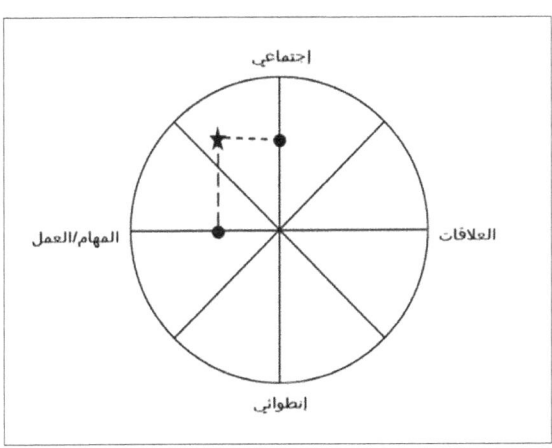

- إبدأ من الجزء المنحصر بين موقع عقارب الساعة 9:00 - 10:30، في إتجاه عقارب الساعة وقم بتوضيح أنواع الشخصية الثمانية على النحو التالي:

- أكتب إسم الشخصية في الفراغ بينما تقوم بتوضيح الصفات الإيجابية والسلبية لكل منها.

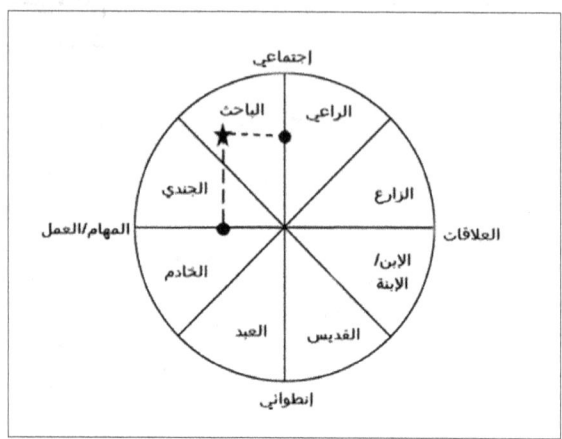

الجندي

- يركز على المهام، وهو شخص إجتماعي أكثر منه إنطوائي.
- الإيجابيات: يرى ما هو ضروري لتحقيق النصر، شريف ولديه تصميم، "بكل ما يتطلبه" الموقف.
- السلبيات: غير حساس وقد يكون لديه حب للسيطرة، قد يكسب المعركة ولكنه يخسر الحرب.

الباحث

- إجتماعي، لديه تركيز أكبر على المهام منه على العلاقات.
- الإيجابيات: يرى فرصاً جديدة، يتواصل جيداً وملتزم.
- السلبيات: يمكن أن يبحث عن المتعة، قد لا يمكنه التركيز على المهمة، يمكن أن يعتقد أن الجديد دائماً أفضل.

الراعي

- إجتماعي، يركز أكثر على العلاقات منه على المهام.
- الإيجابيات: يدرك الإحتياجات الروحانية للناس، يستمتع بقيادة المجموعات، ويتفوق في تشجيعه للناس على نضالهم الروحاني.
- السلبيات: قد يكون متسلطاً، وقد يبدأ في التذمر، وقد يواجه صعوبات في التعاون مع القيادة الحالية.

الزارع

- يركز على العلاقات، إجتماعي أكثر من كونه إنطوائي.
- الإيجابيات: يرى إمكانيات الأشخاص، يمكنه التدريب، يثبت ذاته بإستمرار.
- السلبيات: يمكن أن يزرع الفتنة، يمكن أن يكون لديه صعوبات في التعامل ويتحدث عن الموضوعات المفضلة لديه في كثير من الأحيان.

الإبن أو الإبنة

- يركز على العلاقات، إنطوائي أكثر من كونه إجتماعي.
- الإيجابيات: يهتم بما يشعر به الآخرين "خارج الأسرة"، يحافظ على السلام والسكينة، يشدد على أهمية الفرد.
- السلبيات: قد يعتقد أن أسرته هي "الأفضل"، قد يكون غيور ومزعزع.

القديس

- إنطوائي، يركز على العلاقات أكثر منه على المهام.
- الإيجابيات: يدرك الطرق التي تصل الناس بالله، ملتزم بالتقاليد، وهو صوت الخلق في المجتمع.
- السلبيات: قد يظهر على أنه "أقدس منك"، لا يقبل الآخرين بسهولة، قانوني في بعض الأحيان.

العبد

- إنطوائي، يركز على المهمة أكثر منه على العلاقات.
- الإيجابيات: يدرك كيف يلبي الرغبات المادية للناس، مخلص، يعمل بجد وراء الكواليس.
- السلبيات: يخدم الآخرين ولكن قد لا يهتم بأسرهم، يقبل التغيير بصعوبة، يصعب عليه رؤية الصورة كاملة.

الخادم

- يركز على المهام، إنطوائي أكثر منه إجتماعي.
- الإيجابيات: يدرك الطريقة الأفضل لتنظيم الموارد، حكيم وعملي.
- السلبيات: قد يتعثر في البيروقراطية، غير متعاطف، يعلي إحتياجات المؤسسة على الإحتياجات الحقيقية للناس.

"إعرض على شريكك أي نوع من الشخصيات أنت وأعطه مثالاً."

أي شخصية يحبها الله أكثر؟

- السماح للقادة بمناقشة هذه النقطة. وسوف تعطيك إجاباتهم فكرة عن ثقافاتهم. كل ثقافة تميل إلى إعلاء قيمة واحدة أو إثنتين من صور المسيح أكثر من الصور الأخرى.

"خلق الله كل الشخصيات وبعد إنتهائه منها قال "هذا جيد" مما يعني أنه يفضلها جميعاً."

أي شخصية تصنع قائداً أفضل؟

- أطلب من القادة مناقشة هذا السؤال. عادة ما تظهر إثنتين أو ثلاث صور للمسيح أنها الأفضل. وسوف يجتمع القادة على أن هذه الأنواع الإثنين أو الثلاثة للشخصية سوف تصنع زعيم أفضل. لقد وجدنا إختلاف كبير بين إجابات الثقافات الشرقية والغربية. بعد مناقشة أفكارهم، قم بطرح هذه الرؤية عليهم.

"العديد من الأشخاص قد يندهشون عندما يعرفون أنك قد تصبح قائداً عظيماً مهما كان نوع شخصيتك ضمن الأنواع الثمانية. القيادة لا تعتمد على نوع الشخصية. يمكنني إصطحابك إلى أكبر ثمان كنائس في أميركا والتي لديها عدد حضور يفوق 5,000 شخص أسبوعياً. غالبية الناس قد تقول أن تلك الكنائس يقودها قادة عظام. وإذا ما تحدثت إلى قساوسة مختلفين، سوف تعرف أن كل منهم لديه شخصية مختلفة عن الآخر. كل منهم يقود الكنيسة بصورة مختلفة للمسيح. ليست الشخصية هي التي تصنع قائداً جيداً. القائد الجيد هو القائد الذي يمكنه قيادة الفريق بأكمله للعمل والنجاح معاً. يسوع هو أعظم قائد على مر العصور. إتبعه وسوف تصبح قائداً عظيماً أيضاً."

آية الحفظ

-الرومية 12:4-5-
فكما أن لنا في جسد واحد أعضاء كثيرة، ولكن ليس لجميع هذه الأعضاء عمل واحد، فكذلك نحن الكثيرين جسد واحد في المسيح، وكلنا أعضاء بعضنا لبعض.

- يقف الجميع ويرددون آية الحفظ عشر مرات مع بعضهم. أول ست مرات، يمكنهم إستخدام الكتاب المقدس أو مذكراتهم. وفي الأربع مرات الأخيرة، يرددونها من الذاكرة. ترديد رقم الأية ومصدر إقتباسها قبل كل مرة يرددون فيها الآية، ويجلسون بعد الإنتهاء من ذلك.
- هذه الطريقة سوف تساعد الدارسين على تذكر ماذا كان أخر عنوان إنتهى به الجزء الخاص بـ "الممارسة".

الممارسة

- تقسيم القادة إلى مجموعات من أربعة. أطلب منهم إستخدام طريقة التدريب التي تعلمناها في هذه الدرس.
- التنقل بين خطوات عملية التدريب خطوة بخطوة، مع منحهم 7-8 دقائق لمناقشة كل من الأجزاء التالية.

مستوى التقدم

"مناقشة أي نوع من الأنواع الثمانية للناس يشبهك تماماً مع ذكر أمثلة."

المشاكل

"مناقشة أي نوع من الأنواع الثمانية للناس لا يشبهك على الإطلاق مع ذكر أمثلة."

الخطط

"مناقشة خطة بسيطة لمعرفة الأنواع المختلفة للشخصيات في مجموعتك الشهر المقبل."

- يقوم الجميع بتسجيل خطط شركائهم حتى يمكنهم الصلاة من أجلهم لاحقاً.

الممارسة

"تبادل مهارة واحدة والتي سوف تقوم شخصياً بممارستها خلال الـ 30 يوماً القادمة لمساعدتك على تحسين قدراتك كقائد لمجموعتك."

- يقوم الجميع بتسجيل مهارات شركائهم حتى يمكنهم الصلاة من أجلهم لاحقاً.
- بعد تبادل الجميع لتلك المهارة يقومون بممارستها، يقف أعضاء المجموعة ويرددون آية الحفظ عشر مرات معاً.

الصلاة

"ضمن مجموعتك الصغيرة، يجب قضاء بعض الوقت في الصلاة من أجل خطط ومهارات بعضكم البعض التي سوف تمارسونها خلال الـ 30 يوماً القادمة من أجل تحسين قدراتكم كقادة."

المرحلة النهائية

تشيز برجر

"أطلب من القادة التظاهر وكأنهم داخل مطعم. قم بتقسيم القادة إلى مجموعات من ثلاثة أو أربعة أفراد وتوضيح أن هذه المجموعات هي الطاولات التي يتناولون الطعام عليها. أخبرهم بأنك النادل وأنك سوف تأخذ طلباتهم."

- ضع منشفة على ذراعك، وإذهب إلى الطاولة الأولى، وأسألهم ما الذي ترغبون في تناوله. وبغض النظر عما يطلبون، قل لهم "عذراً لا يوجد لدينا هذا الصنف الآن، سوف أحضر لكم تشيز برجر بدلاً منه."
- بعد عدة طاولات، معظم الناس سو يطلبون تناول تشيز برجر لأنهم سوف يعرفون أن هذا كل ما لديك.

"هذه التمثيلية الهزلية توضح خطأ شائع في القيادة. يتوقع القادة أن كل الناس سوف يتصرفون بنفس الطريقة، ولكن الله جعل كل إنسان مختلف. القادة الجيدون يعرفون كيف يعملون مع الناس على إختلاف شخصياتهم. ويعلمون الناس كيفية التعاون وإحترام الإختلافات."

- أطلب من أحد القادة أن يصلي صلاة الشكر للطرق المختلفة التي جعل الله الناس عليها.

5

أقوياء معاً

بعد أن إكتشف القادة نوع شخصياتهم في الدرس السابق. "أقوياء معاً" سوف يوضح للقادة كيفية تفاعل شخصياتهم مع شخصيات الآخرين. لماذا لدى الناس ثمانية أنواع مختلفة للشخصية في العالم؟ البعض يقول أن سفينة نوح حملت ثمانية أشخاص بينما يقول الأخرون أن جعل الله نوع شخصية لكل نقطة على البوصلة ـ الشمال، الشمال الشرقي، الشرق، إلخ. يمكننا توضيح السبب ببساطة. يوجد ثمانية أنواع مختلفة للشخصية في العالم لأن الله خلق الناس في صورته. إذا أردت أن تعرف كيف يبدو الرب، يقول الكتاب المقدس إنظر إلى يسوع. الأنواع الثمانية للشخصية في العالم تعكس الصور الثمان ليسوع.

يسوع الجندي ـ هو القائد العام لجيش الرب. يسوع الباحث ـ يبحث عن الضالين وينقذهم. يسوع الراعي ـ يعطي أتباعه الطعام والماء والراحة. يسوع الزارع ـ يزرع كلمة الرب في حياتنا. يسوع الإبن ـ دعاه الرب بالحبيب وأمرنا أن نطيعه. يسوع هو المخلص وأمرنا بتمثيله في العالم كقديسين. يسوع العبد ـ يطيع آباه حتى في نقطة الموت. وأخيراً، يسوع الخادم ـ الأمثلة كثيرة حول إدارة الوقت والمال أو الناس.

كل قائد يحمل مسؤولية مساعدة الناس على العمل معاً. قد يحدث تعارض بين الشخصيات المختلفة لا محالة لأن نظرتهم إلى العالم مختلفة. الطريقتين الأكثر شيوعاً لتعامل الناس في حالة الإختلاف هما تجنب أو قتال بعضنا البعض. ولكن هناك طريقة ثالثة للتعامل في حالة الإختلاف، والتي تقودنا إليها روح الرب، وهي إيجاد الحلول التي تحترم وتؤكد على كل أنواع الشخصيات. ينتهي الدرس بمسابقة درامية توضح الحقيقة في شكل فكاهي. الرسم التوضيحي لـ "الصور الثمان ليسوع" يساعدنا على فهم كيف نحب الأخرين أكثر. هذه هي مهمة تابعي يسوع.

الحمد والثناء

- غناء إثنتين من ترانيم العبادة معاً. أطلب من قائد أن يصلي من أجل هذا الدرس.

مستوى التقدم

- أطلب من قائد آخر في التدريب أن يتبادل شهادة قصيرة (ثلاث دقائق) عن كيفية مباركة الله لمجموعته/مجموعتها. بعد قيام القائد بتبادل شهادته، أطلب من المجموعة أن تصلي من أجله أو أجلها.
- بدلاً من ذلك، إجعل وقت للتدريب بينما يقوم قائد بإستخدام عملية تدريب القيادة "مستوى التقدم، المشاكل، الخطة، الممارسة، والصلاة".

المشكلة

"لقد تعرفنا على ثمانية أنواع مختلفة للشخصية في الدرس السابق. هذه المعرفة تساعدنا على فهم كيفية حدوث تعارض في مجموعة ما. لا شيء يعطل الدعوة أو المهمة أكثر من التعارض. يتبادل الناس الكلمات الساخنة ويجرحون مشاعر بعضهم البعض. ومن هنا تبدأ المهمة أو الدعوة في التراجع شيئاً فشيئاً."

الخطة

"يسوع هو المخلص، ويدعو أتباعه إلى أن يكونوا قديسين ويمثلونه في كل العالم. يعرف العالم أننا مسيحيون من كيفية التعامل مع تعارضنا. خطة هذا الدرس هي أن نوضح لكم لماذا يحدث التعارض وكيف نتعامل مع الإختلاف عندما يظهر."

المراجعة

الترحيب
من الذي يبني الكنيسة؟
لماذا نهتم بمن يبني الكنيسة؟
كيف يبني يسوع كنيسته؟
النشوء في طاعة الرب 🖐
مشاركة الإنجيل 🖐
التلمذة 🖐
إنشاء مجموعات وكنائس 🖐
خلق القادة 🖐

1- كورنثوس 11:1- فإقتدوا بي كما أقتدي أنا بالمسيح! (NAS)

إتباع طريقة تدريب يسوع
كيف درب يسوع القادة؟
- مستوى التقدم 🖐
- المشكلات 🖐
- الخطط 🖐
- الممارسة 🖐
- الصلاة 🖐

لوقا 6:40- ليس التلميذ أرفع من معلمه، بل كل من يتكمل يصير مثل معلمه! (HCSB)

إتباع طريقة قيادة يسوع
كيف وصف يسوع القائد العظيم؟ 🖐
ما هي الصفات السبع للقائد العظيم؟
1. القادة العظام يحبون الناس 🖐
2. القادة العظام يعرفون مهمتهم 🖐
3. القادة العظام يخدمون أتباعهم 🖐
4. القادة العظام يصححون بلطف 🖐
5. القادة العظام يعلمون المشاكل الحالية في المجموعة 🖐
6. القادة العظام يعطون مثالاً يحتذى به 🖐
7. القادة العظام يعلمون أنهم مباركون من الله 🖐

يوحنا 13:14-15- فإن كنت وأنا السيد والمعلم، قد غسلت أقدامكم، فعليكم أنتم أيضاً أن يغسل بعضكم أقدام بعض. فقد قدمت لكم مثالاً لكي تعملوا مثل ما عملت أنا لكم.

النشوء في طاعة الرب
ما هي الشخصية التي وهبها الله لك؟
- الجندي
- الباحث
- الراعي
- الزارع
- الإبن/الإبنة
- القديس
- العبد
- الخادم

أي شخصية يحبها الله أكثر؟
أي شخصية تصنع قائداً أفضل؟

-الرومية 12:4-5- فكما أن لنا في جسد واحد أعضاء كثيرة، ولكن ليس لجميع هذه الأعضاء عمل واحد، فكذلك نحن الكثيرين جسد واحد في المسيح، وكلنا أعضاء بعضنا لبعض.

لماذا هناك ثمانية أنواع من الناس في العالم؟

-سفر التكوين 1:26-
ثم قال الله: "لنصنع الإنسان على صورتنا، كمثالنا،....."

-كولوسي 1:15-
هو صورة الله الذي لا يرى، والبكر على كل ما قد خلق.

"خلق الإنسان على صورة الله. إذا كنت تريد أن ترى الله الذي لا يمكن رؤيته، إنظر إلى يسوع. هناك صور ثمانية ليسوع في الكتاب المقدس التي تساعدنا على معرفة كيف كان يسوع."

كيف كان يسوع؟

الجندي

-متى 26:53-
أم تظن أني لا أقدر ألآن أن أطلب إلى أبي فيرسل لي أكثر من إثني عشر جيشاً من الملائكة؟ (HCSB)

🖐 الجندي
تظاهر كما لو كنت ترفع سيفاً.

الباحث

-لوقا 19:10-
فإن إبن الإنسان قد جاء ليبحث عن الهالكين ويخلصهم. (NAS)

🖐 الباحث
ضع يدك فوق عينيك وأنظر إلى الأمام وإلى الخلف.

الراعي

-يوحنا 10:11-
أنا الراعي الصالح، يبذل حياته فدى خرافه.

🖐 الراعي
حرك ذراعيك تجاه جسدك كما لو كنت تدعوا الناس للإلتفاف حولك.

الزارع

-متى 37:13-
فأجابهم: "الزارع الزرع الجيد هو إبن الإنسان. (NAS)

☜ الزارع
تظاهر بأنك تنثر بذوراً.

الإبن أو الإبنة

-لوقا 35:9-
وإنطلق صوت من السحابة يقول: "هذا هو إبني الذي إخترته. له إسمعوا!"

☜ الإبن
حرك يديك تجاه فمك كما لو كنت تأكل.

المخلص/القديس

-مرقس 31:8-
وأخذ يعلمهم أن إبن الإنسان لابد أن يتألم كثيراً، ويرفضه الشيوخ ورؤساء الكهنة والكتبة، ويقتل، وبعد ثلاثة أيام يقوم. "نحن مدعوون إلى أن نكون قديسين الذين يمثلون الخلاص للعالم"

☜ المخلص/القديس
ضع يديك في وضعية الصلاة.

العبد

-يوحنا 13:14-15-
فإن كنت وأنا السيد والمعلم، قد غسلت أقدامكم، فعليكم أنتم أيضاً أن يغسل بعضكم أقدام بعض. فقد قدمت لكم مثالاً لكي تعملوا مثل ما عملت أنا لكم.

✋ العبد
إحمل مطرقة.

الخادم

-لوقا 6:38-
أعطوا، تعطوا: فإنكم تعطون في أحضانكم كيلاً جيداً ملبداً مهزوزاً فائضاً، لأنه بالكيل الذي به تكيلون، يكال لكم".

✋ الخادم
خذ نقوداً من جيب قميصك أو محفظتك.

ما هي الخيارات الثلاثة المتاحة لدينا عندما يحدث تعارض؟

الهرب (إستجابة جسدية)

الشخصيات المختلفة لديها أفكار مختلفة وطرق مختلفة لآداء المهام. الأشخاص الذين تم إدراجهم في مناطق مختلفة من الرسم التوضيحي عادة ما يتجنبون العمل معاً. ويتعبون حتى يفهموا بعضهم البعض.

على سبيل المثال، الزارع قد يرغب في إنفاق المال والوقت ليرى الناس يتطورون، بينما الخادم يريد توفير المال والوقت حتى يتمكن من إستكمال المهمة. القرارات الصائبة تتطلب وجهتي النظر. الإنحياز لوجهة دون أخر تخلق المنافسة وسوء الحكم على الأشياء.

بالنسبة لغالبية الأشخاص، يصعب التعامل في حالة التعارض، وينتهي المطاف بعدم تواصل كلا الطرفين. خوفاً من مزيد من التعارض والإضرار، لذا نحرص أن نكون بعيدين عن الأخرين. شعارنا يصبح "الآمان أفضل من الإعتذار."

في هذه الحالة، يتجادل الطرفان، أو يهربون ويتجنبون بعضهم البعض."

🖐 إرفع قبضتي يديك معاً. وأبعدهما عن بعضهما البعض خلف ظهرك.

الشجار (إستجابة جسدية)

في بعض الأحيان لا يتجنب الناس الصراع، ويصبحون عدائيين تجاه الشخص الأخر. عندما نشعر بالأذى أو سوء الفهم ونريد الشخص الأخر أن "يدفع" مقابل ما فعله. يمكننا الشجار بالكلام أو المواقف أو اليدين. دائماً ما يكون هناك عواقب للصراع.

على سبيل المثال، باحث يريد الحصول على خبرات وتجارب جديدة، بينما يريد قديس أن يتم تأسيس المجموعة على أساس متين. نحن نريد كلاهما في جسد المسيح. تجربة المجموعتين "الجديد" و "القديم" معاً سوف تكون صعبة.

تبدو أنماط العبادة عرضة لهذه المشكلة على وجه الخصوص. حيث تلتف المجموعات حول أسلوبها وتستهين بأنماط حماعات مختلفة. ويتم تبادل الكلمات والمواقف والأفعال مما يهدد وحدتها.

في هذه الحالة، نتجادل أو نتشاجر مع بعضنا البعض.“

☞ إرفع قبضتي يديك معاً وإضربهما معاً.

إيجاد طريقة عن طريق روح الرب من أجل العمل معاً (إستجابة روحية)

”الروح القدس توجهنا إلى إستجابة ثالثة. إذا أدركنا أنه بإستخدامنا أجسادنا نميل إلى الهرب أو الشجار عندما يحدث خلاف، يمكننا الإعتماد على الروح لمساعدتنا من أجل إيجاد طريقة أخرى للعمل معاً. نحن نعتقد أن حلول المشاكل التي تأتي من كامل جسد المسيح أفضل. الإستجابة الثالثة تعتبر التواصل والثقة والحب فوق كل شيء.“

”على سبيل المثال، يميل الجندي إلى أن تكون الكنيسة منظمة وأن تتبع مهمة الرب. وعلى الجانب الأخر يريد الإبن أو الإبنة أن تكون الكنيسة مكاناً لشفاء الأسرة روحانياً. يركز الجندي على المهمة بينما يركز الإبن أو الإبنة على العلاقات. بما أنهم يتوحدون جميعهم في الروح، سوف يجدون وسيلة لتنفيذ المهمة ومساعدة الجميع على إحساس ”أنهم جزء من الفريق.“ نحن نعمل، ونعمل ونعمل - ولكننا أيضاً نلعب، ونلعب ونلعب.

في هذه الحالة، علينا أن نجد طريقة للعمل معاً ضمن روح المسيح، والعمل من أجل ملكوت الرب.“

☞ إرفع قبضتي يديك معاً، ثم إفرد أصابعك وإجعلها تتشابك، حرك يديك إلى الأعلى وإلى الأسفل كما لو أنهما تعملان معاً.

آية الحفظ

-غلاطية 2:20-
مع المسيح صلبت، وفيما بعد لا أحيا أنا بل المسيح يحيا في. أما الحياة التي أحياها الآن في الجسد، فإنما أحياها بالإيمان في إبن الله، الذي أحبني وبذل نفسه عني. (NAS)

- يقف الجميع ويرددون آية الحفظ عشر مرات مع بعضهم. أول ست مرات، يمكنهم إستخدام الكتاب المقدس أو مذكراتهم. وفي الأربع مرات الأخيرة، يرددونها من الذاكرة. ترديد رقم الأية ومصدر إقتباسها قبل كل مرة يرددون فيها الآية، ويجلسون بعد الإنتهاء من ذلك.
- هذه الطريقة سوف تساعد الدارسين على تذكر ماذا كان أخر عنوان إنتهى به الجزء الخاص بـ "الممارسة".

الممارسة

مسابقة درامية

- تقسيم القادة في مجموعات يتكون كل منها من ثمانية أشخاص على الأقل. أخبر القادة أنك سوف تقوم بتنظيم مسابقة درامية مع جوائز للفائزين فيها. وسوف تمنح الجائزة الأولى للفريق الذي يؤدي تمثيلية فكاهية من واقع الحياة.
- كل عضو من اعضاء المجموعة يختار صورة من صور المسيح لتقليدها. وينبغي على القادة إختيار صور مختلفة عن طبيعة شخصياتهم. على سبيل المثال، إذا كانت شخصية شخص ما هي "الجندي" ينبغي عليه إختيار صورة أخرى للمسيح غير صورة "الجندي" لتمثيلها درامياً.
- التمثيلية التي سوف يؤدونها هي "مقابلة مجموعة يناقشون إنشاء كنيسة في البلدة المجاورة." يجب على أعضاء التمثيلية

التصرف خارج قواعدهم في الصراع بإستخدام واحدة من الطرق الجسدية فقط. لا يستخدم أحد الطريقة الروحية.

- سوف يتاج لهم من الوقت 5 دقائق لعرض تمثيليتهم الهزلية على المجموعة. أطلب منهم "إشعال الموقف" حتى يعرف الناس أي قاعدة يتصرفون على أساسها في هذه التمثيلية الدرامية.
- إمنح القادة وقتاً كافياً لممارسة الدراما (20 دقيقة على الأقل).
- إبدأ المسابقة. بعد إنتهاء آداء كل مجموعة، إذهب إلى دائرة تواجد الممثلين حتى ترى ما إذا إستطاع القادة تخمين الدور الذي قام كل عضو بتأديته. إمنح "الترتيب الأول" للمجموعة التي كانت مضحكة أكثر وأقرب للواقع. أفكار الجوائز: أجزاء من الإنجيل، إسطوانات مدمجة للعبادة، حلوى، إلخ.
- بعد إنتهاء كافة المجموعات لآدائهم، أطلب من المجموعة إختيار "نجوم" مجموعتهم. وأطلب من "نجوم" كافة المجموعات أن يشكلوا فريق وأن يقوموا بتأدية التمثيلية مجدداً كفريق درامي مكون من "النجوم".

سؤال شائع

ما هو الفارق بين صور المسيح الثمانية والمواهب الروحية؟

خلق الله الناس على صورته، وإذا أراد أحد أن يرى الله الذي لا يمكن رؤيته، يقول الكتاب المقدس أن ننظر إلى يسوع. الصور الثماني تعبر عن كيفية "الإتصال الوثيق" وحقيقة كل من المؤمنين وغير المؤمنين. بإستخدام هذه الصور الثمانية كإطار للنمو الروحي يعالج مشكلة مخزونات المواهب الروحية. كيف يمكن لغير المؤمن أن يحصل على مخزون موهبة روحية ويكتشف أن لديه مواهب روحية، بينما هو لا يؤمن بالله على الإطلاق؟

صور يسوع الثمانية تمثل "الدلاء" التي تصب بها المواهب الروحية. قد يملك الراعي موهبة روحية للرحمة أو الوعظ أو العطاء، كما يشاء الروح القدس. لقد لاحظنا في كثير من الأحيان أن بعض المواهب الروحية تتجمع حول بعض صور المسيح. على سبيل المثال، موهبة الخدمة وصورة الخادم غالباً ما تجتمعان.

6

مشاركة الإنجيل

كيف يمكن أن يؤمن الناس وهم لم يستمعوا إلى الإنجيل؟ للأسف، أتباع يسوع لا يتشاركون الإنجيل حتى يؤمن الناس. سبب وحيد وراء هذا هو أنهم لم يتعلموا كيفية مشاركة الإنجيل. وهناك سبب أخر وهو أنهم مشغولون في روتينهم اليومي وينسون تشارك الإنجيل. في درس "مشاركة الإنجيل"، يتعلم القادة كيف يصنعون "سوار الإنجيل" لمشاركته مع الأهل والأصدقاء. حيث يذكرنا السوار بمشاركة الإنجيل مع الأخرين ويعتبر بداية جيدة للحديث. وتذكرنا ألوان السوار بكيفية مشاركة الإنجيل مع الباحثين عن الرب.

سوار الإنجيل يبين لنا كيف تركنا أسرة الرب. في البداية كان الرب ـ الخرزة الذهبية. الروح القدس أنشأ عالم مثالي بسمائه وبحاره ـ الخرزة الزرقاء. وخلق الإنسان وجعله في حديقة خضراء ـ الخرزة الخضراء. أول رجل وإمرأة عصوا الرب وإرتكبوا خطيئة وعانوا في العالم كله ـ الخرزة السوداء. وأرسل الرب إبنه إلى العالم وعاش حياة رائعة ـ الخرزة البيضاء. ودفع يسوع ثمن خطايانا بالموت على الصليب ـ الخرزة الحمراء.

سوار الإنجيل يبين لنا كيف تركنا نعود إلى أسرة الرب عن طريق عكس الآية. يقول الرب أن كل من آمن بموت يسوع على الصليب من أجلهم ـ الخرزة الحمراء ـ وأن يسوع هو إبن الرب ـ الخرزة البيضاء ـ وقد غفر خطاياهم ـ الخرزة السوداء. الله يقبلنا مرة أخرى ضمن أسرته وننمو مثل يسوع الخرزة الخضراء. لقد أعطانا الرب روحه القدس ـ الخرزة الزرقاء ـ ووعدنا أن نكون معه في الجنة حيثما تكون الشوارع من الذهب عندما نموت ـ الخرزة الذهبية.

ينتهي الدرس بتوضيح أن يسوع هو الطريق الوحيد إلى الرب. لا يوجد من هو أذكى وأفضل وأقوى وأحب منه حتى يصل إلى الرب بنفسه. يسوع هو الطريق الوحيد الذي يمكن للناس أن يسلكوه من أجل أن يعودوا إلى الرب. إتباع يسوع هو الحقيقة الوحيدة التي تخلص الناس من خطاياهم. يسوع هو الوحيد الذي يضمن الحياة الأبدية بسبب موته على الصليب.

الحمد والثناء

- غناء إثنتين من ترانيم العبادة معاً. أطلب من قائد أن يصلي من أجل هذا الدرس.

مستوى التقدم

- أطلب من قائد آخر في التدريب أن يتبادل شهادة قصيرة (ثلاث دقائق) عن كيفية مباركة الله لمجموعته/مجموعتها. بعد قيام القائد بتبادل شهادته، أطلب من المجموعة أن تصلي من أجله أو أجلها.

المشكلة

"معظم المؤمنين يجدون صعوبة في مشاركة الإنجيل. ويسألون: "مع من يجب أن نشارك الإنجيل؟" و "ماذا ينبغي أن نقول؟ قد ينشغل المؤمنون أحياناً ويفشلون في التعرف على وقت عمل الله في حياة شخص من أجل أن يؤمن به."

الخطة

"في هذا الدرس، سوف نقوم بمراجعة طريقة بسيطة لمشاركة الإنجيل، وممارسة مشاركته، وصنع "سوار الإنجيل" الذي من شأنه أن يساعدنا على تذكر مشاركة الإنجيل في كثير من الأحيان."

المراجعة

الترحيب
من الذي يبني الكنيسة؟
لماذا نهتم بمن يبني الكنيسة؟
كيف يبني يسوع كنيسته؟
النشوء في طاعة الرب 🖐
مشاركة الإنجيل 🖐
التلمذة 🖐
إنشاء مجموعات وكنائس 🖐
خلق القادة 🖐

1- كورنثوس 11:1- فإقتدوا بي كما أقتدي أنا بالمسيح! (NAS)

إتباع طريقة تدريب يسوع
كيف درب يسوع القادة؟
مستوى التقدم 🖐
المشكلات 🖐
الخطط 🖐
الممارسة 🖐
الصلاة 🖐

-لوقا 6:40- ليس التلميذ أرفع من معلمه، بل كل من يتكمل يصير مثل معلمه! (HCSB)

إتباع طريقة قيادة يسوع
كيف وصف يسوع القائد العظيم؟ 🖐
ما هي الصفات السبع للقائد العظيم؟
1. القادة العظام يحبون الناس 🖐
2. القادة العظام يعرفون مهمتهم 🖐
3. القادة العظام يخدمون أتباعهم 🖐
4. القادة العظام يصححون بلطف 🖐
5. "في هذا الدرس، سوف نقوم بمراجعة طريقة بسيطة لمشاركة القادة العظام يعلمون المشاكل الحالية في المجموعة 🖐
6. القادة العظام يعطون مثالاً يحتذى به 🖐
7. القادة العظام يعلمون أنهم مباركون من الله 🖐

-يوحنا 13:14-15- فإن كنت وأنا السيد والمعلم، قد غسلت أقدامكم، فعليكم أنتم أيضاً أن يغسل بعضكم أقدام بعض. فقد قدمت لكم مثالاً لكي تعملوا مثل ما عملت أنا لكم.

النشوء في طاعة الرب
ما هي الشخصية التي وهبها الله لك؟
- الجندي 🖐
- الباحث 🖐
- الراعي 🖐
- الزارع 🖐
- الإبن/الإبنة 🖐
- القديس 🖐
- العبد 🖐
- الخادم 🖐

أي شخصية يحبها الله أكثر؟
أي شخصية تصنع قائداً أفضل؟

ـ الرومية فكما أن لنا في جسد واحد أعضاء كثيرة، ولكن ليس لجميع هذه الأعضاء عمل واحد، فكذلك نحن الكثيرين جسد واحد في المسيح، وكلنا أعضاء بعضنا لبعض.

أقوياء معاً
لماذا هناك ثمانية أنواع من الناس في العالم؟
كيف كان يسوع؟
- الجندي 🖐
- الباحث 🖐
- الراعي 🖐
- الزارع 🖐
- الإبن/الإبنة 🖐
- القديس 🖐
- العبد 🖐
- الخادم 🖐

ما هي الخيارات الثلاثة المتاحة لدينا عندما يحدث تعارض؟
- الهرب 🖐
- الشجار 🖐

إيجاد طريقة عن طريق روح الرب من أجل العمل معاً ✋

-غلاطية -2:20 مع المسيح صلبت، وفيما بعد لا أحيا أنا بل المسيح يحيا في. أما الحياة التي أحياها الآن في الجسد، فإنما أحياها بالإيمان في إبن الله، الذي أحبني وبذل نفسه عني. (NAS)

كيف يمكنني مشاركة الإنجيل؟

-لوقا 24:1-7-
ولكن في اليوم الأول من الأسبوع، باكراً جداً، جئن إلى القبر حاملات الحنوط الذي هيأنه. فوجدن أن الحجر قد دحرج عن القبر. ولكن لما دخلت لم يجدن جثمان الرب يسوع. وفيما هن متحيرات في ذلك، إذا رجلان بثياب براقة قد وقفا بجانبهن. فتملكهن الخوف ونكسن وجوههن إلى الأرض. عندئذ قال لهن الرجلان: "لماذا تبحثن عن الحي بين الأموات؟ إنه ليس هنا، ولكنه قد قام! إذكرن ما كلمكم به إذ كان بعد في الجليل فقال: إن إبن الإنسان لابد أن يسلم إلى أيدي أناس خاطئين ، فيصلب، وفي اليوم الثالث يقوم".

- بعد أن يقرأ القادة هذا النص المقدس بصوت مرتفع، قم بتوزيع ما يلي على كل مشارك:

1. خرزة ذهبية وزرقاء وخضراء وسوداء وبيضاء وحمراء.
2. قطعة من الجلد أو حبل طوله 12 بوصة.

- وضح لهم كيفية صنع "سوار الإنجيل". إبدأ بعمل عقدة في منتصف الحبل لكي يبقي الخرز في مكانه. ضع كل خرزة في السوار مع توضيح معناها.

الخرزة الذهبية

"في البداية لم يكن هناك وجود سوى لله فقط."

الخرزة الزرقاء

"ثم خلق الروح القدس كل شيء في العالم بما في ذلك البحور والسماوات."

الخرزة الخضراء

"ثم خلق الله حديقة خضراء جميلة وخلق رجلاً وجعله في أسرة الرب."

الخرزة السوداء

"للأسف، عصى الرجل ربه وإرتكب معصبة. وبسبب تمرده إضطر الرجل إلى مغادرة الحديقة وأسرة الرب."

الخرزة البيضاء

"مازال الرب يحب الرجل كثيراً لذلك أرسل يسوع إبنه إلى العالم. وعاش يسوع حياة رائعة وأطاع الرب في كل شي."

الخرزة الحمراء

"يسوع مات على الصليب من أجل خطايانا ودفن في مقبرة."

- في هذه المرحلة لا يقوم القادة بوضع الخرزات في سوار الإنجيل، ولكن يقومون بعمل عقدة حتى تبقى الخرزات في أماكنها. إبدأ الجزء التالي بالإشارة إلى الخرزة الحمراء وإستمر حتى تنتهي بالخرزة الذهبية.

الخرزة الحمراء

"رأى الرب أن يسوع قد ضحى من أجل خطايانا، وأعاد يسوع من القبر بعد ثلاثة أيام ليظهر للعالم أن يسوع هو الطريق الوحيد إلى الرب."

الخرزة البيضاء

"هؤلاء الذين يؤمنون بأن يسوع هو إبن الرب وقد دفع ثمن خطاياهم..."

الخرزة السوداء

"وهؤلاء الذين تابوا من ذنوبهم ويسألون يسوع مساعدتهم..."

الخرزة الخضراء

"... الرب يغفر لهم ويرحب بعودتهم إلى أسرته، تماماً كما كانوا من قبل في الحديقة الأولى."

الخرزة الزرقاء

"يجعل الرب روحه فيهم ويخلق إنساناً جديداً، تماماً كما خلق كل العالم في البداية."

الخرزة الذهبية

"أخيراً، كل هؤلاء الذين يؤمنون بيسوع سوف ينعمون يوماً ما بالحياة الأبدية مع الرب. وسوف يعيشون مع المؤمنين الآخرين في مدينة مصنوعة من الهب الخالص."

أنا أحب هذا السوار لأنه يذكرني أينما أكون وأينما أذهب. سوار الإنجيل يذكرني أيضاً كيف أن الله قد غفر لي ذنوبي وغير حياتي.

هل أنت على إستعداد للعودة إلى أسرة الرب؟ دعونا نصلي معاً ونقول لله أننا نؤمن بأنه خلق عالم مثالي وأرسل إبنه ليموت من أجل خطايانا. وتوبوا من ذنوبكم، وأطلبوا المغفرة، وسوف يقبلكم الرب في أسرته مجدداً."

- تأكد من أن كل القادة المشاركين في التدريب مؤمنون. بعد توضيح سوار الإنجيل، إسألهم هل يوجد أحد يرغب في العودة إلى أسرة الرب.

لماذا نحتاج إلى مساعدة يسوع؟

1. ليس هناك من هو ذكي بما فيه الكفاية للعودة إلى الرب بمفرده.

-إشعياء 55:9-
فكما إرتفعت السماوات عن الأرض، كذلك إرتفعت طرقي عن طرقكم، وأفكاري عن أفكاركم.

"بعض الناس يعتقدون أن هنالك طرق كثيرة إلى الرب. وينسجون نظريات معقدة لشرح كيف أن يسوع لا يمكن أن يكون هو الطريق الوحيد إلى الرب. ومع ذلك فإن أفكار الرب تجعل أفكار الناس محدودة الأفق. عندما يقول الرب أن يسوع فقط هو الطريق والحق والحياة، فمن تصدق؟"

👋 ليس هناك من هو ذكي بما فيه الكفاية
ضع إصبعي السبابة على جانبي رأسك وحرك رأسك إشارة إلى "لا"

2. ليس هناك من يعطي بما في الكفاية للعودة إلى الرب بمفرده.

-إشعياء 6:64-
كلنا أصبحنا كنجس، وأصحت جميع أعمال برنا كثوب قذر، فذبلنا كأوراق الشجر وعبثت بنا آثامنا كالريح. (NLT)

"بعض الأشخاص يعتقدون أن بإستطاعتهم الحصول على الحياة الأبدية من خال إعطاء المال للفقراء. إنهم يعتقدون أن الله سوف يرى حسناتهم، ويدخلهم الجنة. ومع ذلك فإن أفضل حسناتنا هي بمثابة ثوب قذر بالمقارنة بما فعله الله. لقد ضحى بإبنه الوحيد من أجلنا عندما مات يسوع على الصليب من أجل خطايانا. الله يقبل أعمالنا الصالحة فقط من أجل خلاصنا."

👋 ليس هناك من يعطي بما فيه الكفاية
تظاهر بأنك تأخذ الكثير من النقود من جيب قميصك أو محظفتك وحرك رأسك إشارة إلى "لا"

3. ليس هناك من هو قوي بما فيه الكفاية للعودة إلى الرب بمفرده

-الرومية 18:7-
لأنني أعلم أنه في، أي في جسدي، لا يسكن
الصلاح: فأن أريد الصلاح ذلك متوفر لدي،
وما أنا أفعله، فذلك لا أستطيعه. (HCSB)

"أناس آخرون يعتقدون أن الطريق إلى الرب عن طريق إنكار الذات. يمارسون التأمل، والصوم، ورفض العالم. إنهم يعتقدون أن الشخص يحقق مكاسب عن طريق التحكم في رغباته.
يجب على الأنسان الإعتماد على قوته فقط. الرجل الغريق لا يملك القوة لإنقاذ نفسه. يجب عليه أن يتلقى مساعدة. يسوع هو الشخص الوحيد القوي بما فيه الكفاية مما يمكنه أن يحيا حياة مثالية. يمكننا العودة إلى الرب بالإعتماد على قوة يسوع وليس على مجهوداتنا الخاصة."

- ليس هناك من هو قوي بما فيه الكفاية
  إرفع ذارعيك إلى الأعلى كرجل قوي وحرك رأسك إشارة إلى "لا".

4. ليس هناك من هو صالح بما فيه الكفاية للعودة إلى الرب بمفرده.

-الرومية 23:3-
لأن الجميع قد أخطأوا وهم عاجزون عن بلوغ ما يمجد الله.

"أخر مجموعة من الناس يعتقدون أن بإمكانهم العودة إلى الرب بمفردهم لأن حسناتهم تفوق سيئاتهم. إنهم متأكدون أنهم فعلوا خيراً كثيراً وحصلوا على نعمة الله. يبررون لأنفسهم قائلين: "لم يسبق لي أن فعلت ذنباً كما فعله فلان."سوف يحاسبنا الله جميعاً ومع ذلك، مقارنة بيسوع لا نجد وجه للمقارنة. تضحية يسوع كانت هي الحسنة الوحيدة التي تكفي لأن يقبلها الرب. يسوع هو الوحيد الصالح بما فيه الكفاية لأن يعيدنا مرة أخرى إلى أسرة الرب. يجب علينا أن نثق في صلاحه وليس في صلاحنا."

✋ ليس هناك من هو صالح بما فيه الكفاية
ضع يديك كما لو كنت توازن الميزان، وقم بتحريكهما إلى الأعلى وإلى الأسفل وحرك رأسك إشارة إلى "لا".

آية الحفظ

-يوحنا 6:14-
فأجابه يسوع: "أنا هو الطريق والحق والحياة. لا يأتي أحد إلى الرب إلا بي."

- يقف الجميع ويرددون آية الحفظ عشر مرات مع بعضهم. أول ست مرات، يمكنهم إستخدام الكتاب المقدس أو مذكراتهم. وفي الأربع مرات الأخيرة، يرددونها من الذاكرة. ترديد رقم الأية ومصدر إقتباسها قبل كل مرة يرددون فيها الآية، ويجلسون بعد الإنتهاء من ذلك.
- هذه الطريقة سوف تساعد الدارسين على تذكر ماذا كان أخر عنوان إنتهى به الجزء الخاص بـ "الممارسة".

الممارسة

- تقسيم القادة إلى مجموعات من أربعة.

"الآن سوف نستخدم طريقة التدريب نفسها التي إستخدمها يسوع لممارسة ما تعلمناه في هذه الدرس."

- التنقل بين خطوات عملية التدريب خطوة بخطوة، مع منحهم 7-8 دقائق لمناقشة كل من الأجزاء التالية.

مستوى التقدم

"تبادل شهادة قصيرة مع مجموعتك حول شخص أصبح تابعاً للمسيح مؤخراً."

المشاكل

"ناقش مع مجموعتك الأسباب التي تجعل مشاركة الإنجيل أمراً صعباً بالنسبة لك."

الخطط

"تبادل مع مجموعتك أسماء خمسة أشخاص سوف تتبادل معهم الإنجيل في الـ 30 يوماً القادمة."

- يقوم الجميع بتسجيل خطط شركائهم حتى يمكنهم الصلاة من أجلهم لاحقاً.

الممارسة

- إستخدام "سوار الإنجيل" كدليل، ينبغي على كل قائد أن يأخذ دوره لمشاركة الإنجيل مع مجموعته الصغيرة.
- يقف كل أعضاء المجموعة ويرددون آية الحفظ عشر مرات معاً.

الصلاة

"يجب قضاء بعض الوقت للصلاة لقائمة أسماء أفراد مجموعتك الذين يرغبون في العودة إلى أسرة الرب."

المرحلة النهائية

قوة تدريب المدربين

أرسم الجدول التالي في لوحة بيضاء أو لوحة من الورق الملصق قبل بدأ الدرس. وقم بعمل بحث في الإحصاءات قبل البدأ في الدرس، ودع القادة يعطون تقديراتهم. وينبغي تعزيز هذا الحوار ببعض المناقشات النشطة حول الأرقام الصحيحة وجعل الأرقام أكثر "واقعية" بالنسبة للمشاركين.

إجمالي السكان		إنشاء كنيسة جديدة	
إجمالي غير المؤمنين		معدل الحجم الإستيعابي للكنيسة	
إجمالي المؤمنين		إجمالي الكنائس	
الهدف المرجو تحقيقه 2%		هدف الكنيسة	

"أود أن أوضح لكم لماذا أعتبرت شجرة التدريب أمر هام. دعونا نقوم بملء الجدول التالي بالبيانات معاً."

[الإحصائيات التي تم الإستشهاد بها في هذا المثال هي للتوضيح فقط. إذا كان كل القادة ينتمون إلى نفس المجموعة، قم بإستخدام إحصائيات مجموعتهم. وإذا كانوا من مجموعات مختلفة، إستخدم إحصائيات المقاطعة، المحافظة، أو البلد.]

إجمالي السكان	2,000,000	إنشاء كنيسة جديدة	10
إجمالي غير المؤمنين	1,995,000	معدل الحجم الإستيعابي للكنيسة	50
إجمالي المؤمنين	5,000	إجمالي الكنائس	100
الهدف المرجو تحقيقه 2%	40,000	هدف الكنيسة	800

"يبلغ عدد سكاننا 2,000,000 شخص. يقدر عدد المؤمنين 5,000 مما يعني أن هناك 1,995,000 لا يتبعون يسوع، هدفنا هو جعل 2% من السكان على الأقل يتبعون يسوع، مما يعني 40,000 شخص. مازال أمامنا طريق طويل!

في المتوسط، عملية إنشاء كنيسة لكنيسة جديدة قد تستغرق 10 سنوات. ومتوسط الحجم الإستيعابي للكنيسة حول العالم هو 50 شخص، لذلك يقدر عدد الكنائس في مجموعتنا (5,000/50). هدفنا هو الوصول إلى 40,000 شخص، لذلك يتوجب علينا إنشاء 700 كنيسة. هذه الأرقام تقديرية، ولكنها تساعدنا في تكوين صورة عما يحدث في مجموعتنا.

الكنيسة التقليدية قد تستغرق عشر سنوات حتى تقوم بإنشاء كنيسة جديدة، لذا يتضاعف عدد الكنائس خلال عشر سنوات. هدفنا هو الوصول بعدد الكنائس إلى 800 (4,000/50). بعض الكنائس سوف يكون حجمها الإستيعابي أكثر من 50 شخص، ولكن أغلبها سوف يكون صغيراً، لذلك هذا الرقم جيد. الآن دعونا نقارن بين طريقتين مختلفتين لتحقيق هدفنا."

السنوات	تدريب القادة	السنوات	إنشاء كنائس تقليدية
	5,000		100
1	10,000	10	200
2	20,000	20	400
3	40,000	30	008

"كما ترون، إذا ما قمنا بالتركيز على تدريب القادة لإنشاء مجموعات، يمكننا تحقيق هدفنا خلال ثلاث سنوات. لدينا الآن 5,000 مؤمن. إذا شارك كل منهم الإنجيل، وقاد شخص إلى إتباع يسوع، وقام بتدريبهم كقادة في مجموعة، وعلمهم كيف يفعلون الأمر ذاته، سوف نتضاعف كل عام حتى نصل إلى 40,000 مؤمن خلال ثلاث سنوات.

أما إذا إعتمدنا فقط على إنشاء الكنائس بالطريقة التقليدية، سوف نحقق هدفنا بعد 30 عاماً. لدينا حالياً 100 كنيسة وإذا كان عددها يتضاعف كل 10 سنوات، لذلك يلزمنا 30 عاماً حتى يبلغ عدد الكنائس 800 كنيسة.

هناك فرق كبير بين ثلاثة أعوام و ثلاثون عاماً!

وهناك مشكلة شائعة بين الكنائس وهي أنهم لا يستخدمون عملية تدريب الأشخاص حتى يصبحوا قادة. والنتيجة، يكون هناك عدد محدود من القادة للمساعدة في إنشاء الكنائس والمجموعات الجديدة. عندما نتبع طريقة تدريب يسوع، تحل هذه المشكلة بمنتهى البساطة، والقوة أيضاً."

خطة يسوع الخاصة بي

- إطلب من القادة الإنتقال إلى الجزء الخلفي من دليل المشاركين حيثما يمكنهم رؤية صفحة "خطة يسوع". وضح لهم أن القادة سوف يتبادلون مناقشة خطط يسوع الخاصة بهم مع المجموعة في نهاية الدورة التدريبية. بعد ذلك، سيجتمع القادة للصلاة من أجل بركة الرب على أسرهم ودعوتهم وخطتهم.

"ستلاحظ وجود مكان في السهم لملء بيانات الرسم التوضيحي لمجموعتك التي تستهدفها. قم بتخصيص عدة دقائق للصلاة وملء البيانات في الفراغات على أفضل وجه ممكن. كما يمكنك تغييرها في وقت لاحق إذا ما أصبحت لديك معلومات أفضل."

7

التلمذة

القائد الجيد لديه دائماً خطة جيدة. لقد أعطى يسوع التلاميذ خطة بسيطة لدعوتهم ولكنها قوية ذكرت في لوقا 10: جهز قلبك، جد أناس مسالمين، تبادل الأخبار السارة، وقيم النتائج. لقد أعطانا يسوع خطة جيدة لنتبعها.

إذا ما بدأنا دعوتنا في الكنيسة، أو كنيسة جديدة، أو مجموعات، سوف تساعدنا خطة يسوع على تجنب الأخطاء الغير ضرورية. هذا الدرس يعلم القادة كيفية تدريب بعضهم البعض بإستخدام خطط يسوع الخاصة بهم. وسوف يبدؤون العمل أيضاً على عرض خطط يسوع الخاصة بهم على المجموعة.

الحمد والثناء

- غناء إثنتين من ترانيم العبادة معاً. أطلب من قائد أن يصلي من أجل هذا الدرس.

مستوى التقدم

- أطلب من قائد آخر في التدريب أن يتبادل شهادة قصيرة (ثلاث دقائق) عن كيفية مباركة الله لمجموعته/مجموعتها. بعد قيام القائد بتبادل شهادته، أطلب من المجموعة أن تصلي من أجله أو أجلها.
- بدلاً من ذلك، إجعل وقت للتدريب بينما يقوم قائد بإستخدام عملية تدريب القيادة "مستوى التقدم، المشاكل، الخطة، الممارسة، والصلاة".

المشكلة

"عندما نفشل في خطة، فإننا نخطط للفشل. إن وضع خطة بسيطة وإستراتيجية يمكن أن يكون صعباً. يمضي العديد من القادة أوقاتهم في رد الفعل الناتج عن المشكلة بدلاً من السير على مسار واضح للمستقبل."

الخطة

"جاء يسوع ليبحث عن الضالين ويخلصهم وعندما نتبعه، سوف نفعل الشيء ذاته. لقد أعطى التلاميذ خطة واضحة يمكننا إستخدامها أيضاً في مهمتنا."

المراجعة

الترحيب
من الذي يبني الكنيسة؟
لماذا نهتم بمن يبني الكنيسة؟
كيف يبني يسوع كنيسته؟

النشوء في طاعة الرب
مشاركة الإنجيل
التلمذة
إنشاء مجموعات وكنائس
خلق القادة

-1 كورنثوس -1:11 فإقتدوا بي كما
أقتدي أنا بالمسيح! (NAS)

إتباع طريقة تدريب يسوع
كيف درب يسوع القادة؟
مستوى التقدم
المشكلات
الخطط
الممارسة
الصلاة

-لوقا 40:6- ليس التلميذ أرفع من معلمه، بل
كل من يتكمل يصير مثل معلمه! (HCSB)

إتباع طريقة قيادة يسوع
كيف وصف يسوع القائد العظيم؟
ما هي الصفات السبع للقائد العظيم؟
1. القادة العظام يحبون الناس
2. القادة العظام يعرفون مهمتهم
3. القادة العظام يخدمون أتباعهم
4. القادة العظام يصححون بلطف
5. القادة العظام يعلمون المشاكل الحالية في المجموعة
6. القادة العظام يعطون مثالاً يحتذى به
7. القادة العظام يعلمون أنهم مباركون من الله

-يوحنا 13:14-15- فإن كنت وأنا السيد والمعلم، قد غسلت أقدامكم، فعليكم أنتم أيضاً أن يغسل بعضكم أقدام بعض. فقد قدمت لكم مثالاً لكي تعملوا مثل ما عملت أنا لكم.

النشوء في طاعة الرب
ما هي الشخصية التي وهبها الله لك؟
الجندي 🖐
الباحث 🖐
الراعي 🖐
الزارع 🖐
الإبن/الإبنة 🖐
القديس 🖐
العبد 🖐
الخادم 🖐
أي شخصية يحبها الله أكثر؟
أي شخصية تصنع قائداً أفضل؟

-الرومية 12:4-5- فكما أن لنا في جسد واحد أعضاء كثيرة، ولكن ليس لجميع هذه الأعضاء عمل واحد، فكذلك نحن الكثيرين جسد واحد في المسيح، وكلنا أعضاء بعضنا لبعض.

أقوياء معاً
لماذا هناك ثمانية أنواع من الناس في العالم؟
كيف كان يسوع؟
الجندي 🖐
الباحث 🖐
الراعي 🖐
الزارع 🖐
الإبن/الإبنة 🖐
القديس 🖐

العبد 🖐
الخادم 🖐
ما هي الخيارات الثلاثة المتاحة لدينا عندما يحدث تعارض؟
الهرب 🖐
الشجار 🖐
إيجاد طريقة عن طريق روح الرب من أجل العمل معاً 🖐

-غلاطية 2:20- مع المسيح صلبت، وفيما بعد لا أحيا أنا بل المسيح يحيا في. أما الحياة التي أحياها الآن في الجسد، فإنما أحياها بالإيمان في إبن الله، الذي أحبني وبذل نفسه عني. (NAS)

مشاركة الإنجيل
كيف يمكنني مشاركة الإنجيل؟
الخرزة الذهبية
الخرزة الزرقاء
الخرزة الخضراء
الخرزة السوداء
الخرزة البيضاء
الخرزة الحمراء
لماذا نحتاج إلى مساعدة يسوع؟
ليس هناك من هو ذكي بما فيه الكفاية للعودة إلى الرب بمفرده 🖐
ليس هناك من يعطي بما فيه الكفاية للعودة إلى الرب بمفرده 🖐
ليس هناك من هو قوي بما فيه الكفاية للعودة إلى الرب بمفرده 🖐
ليس هناك من هو صالح بما فيه الكفاية للعودة إلى الرب بمفرده 🖐

-يوحنا 14:6- فأجابه يسوع: "أنا هو الطريق والحق والحياة. لا يأتي أحد إلى الرب إلا بي."

ما هي الخطوة الأولى في خطة يسوع؟

-لوقا 10:1-4- وبعد ذلك عين الرب أيضاً إثنين
وسبعين آخرين، وأرسلهم إثنين إثنين، ليسبقوه إلى
كل مدينة ومكان كان على وشك الذهاب إليه.
[2] وقال لهم: "إن الحصاد كثير، ولكن العمال قليلون،
فتضرعوا إلى رب الحصاد أن يبعث عمالاً إلى حصاده.
[3] فإذهبوا! ها إني أرسلكم كحملان بين ذئاب.
[4] لا تحملوا صرة مال ولا كيس زاد ولا
حذاء، ولا تسلموا في الطريق على أحد.

تجهيز القلوب (1-4)

الذهاب في ثنائيات (1)

"في الآية الأولى، يخبرهم يسوع أن يذهبوا في ثنائيات: في معظم الثقافات يعني هذا رجلين أو إمرأتين. بدون شريك، ستكون وحيداً. على مر العصور كان حاصل ضرب واحد في واحد في واحد يساوي لا يزال يساوي واحد. أما حاصل ضرب إثنين في إثنين في إثنين يساوي ثمانية، ولكن إحتمالات التضاعف تزيد مع وجود شريك.

الأوقات الصعبة تثبط من عزيمة الرجال، لا سيما إذا ما كنت تعمل بمفردك. في كل أجزاء الكتاب المقدس، كان يعمل القادة الروحانين مع شركاء لهم وأكد يسوع هذه الممارسة في خطته أيضاً."

- قم بشرح هذه المبدأ من خلال آداء التمثيلية التالية:

☙ إتكئ علي ☙

"ما الذي يمكن أن يحدث إذا ذهبت لتدعو في مكان ما بمفردك، وةعرضت لحادث؟"

- سر بأنحاء الغرفة كما لو كنت ذاهب إلى مكان دعوتك. وأخبر الجميع أنك تعرضت لحادث وكسرت ساقك. وأعرج أثناء سيرك في أنحاء الغرفة بينما تحاول دعوة الأخرين. أخبرهم أنك رأيت ضوءاً ساطعاً. إستمر في محاولة الدعوة، ولكن تظاهر أن رقبتك مشلولة.

"كيف تختلف الأحداث لو إنضم إليك شريك؟"

- كرر السيناريو ذاته ولكن مع وجود شريك لك هذه المرة. سوف يساعدك شريكك على تضميد جراحك ورعايتك بعد وقوع الحادث. سوف يحذرك شريكك للبقاء بعيداً عن المطر بينما يكون لديك قضيب معدني في يدك.

"يسوع حكيم عندما قال إذهبوا في ثنائيات. لأنه يعلم أن المشاكل سوف تحدث، وسوف نحتاج إلى شخص معنا لمساعدتنا عند وقوعها."

☞ إستخدم إصبعي السبابة والوسطى لكلتا اليدين لـ "المشي" معاً.

"أكتب في العمود الأول من "خطة يسوع" الخاصة بك إسم الشخص الذي تعتقد أنه سيكون شريكك."

الذهاب إلى حيث يعمل يسوع (1)

”لأننا نتبع يسوع، لا نقوم بشيء بأنفسنا، ولكن ننظر لنرى أين يعمل يسوع، وننضم إليه. معرفة أين يريدنا يسوع أن نعمل ليس دائماً بالأمر اليسير. ومع ذلك فإن النبأ السار هو أنه يجبنا وسوف يرشدنا إليه.“

- مراجعة حركات اليد من درس ”الإنطلاق“ من دورة التلمدة.

”لا أفعل شيء بمفردي.“

ضع يدك على قلبك وحرك رأسك إشارة إلى ”لا“.

”أنا أنظر لأرى أين يعمل الرب.“

ضع يدك فوق عينيك وإنظر يميناً ويساراً كما لو أنك تبحث عن شيء ما.

”حيثما يعمل أنضم إليه.“

أشر بيدك نحو مكان ما أمامك وحرك رأسك إشارة إلى ”نعم“.

”أعلم أنه يحبني وسوف يرشدني.“

إرفع يديك في وضعية الصلاة ثم ضمهما إلى صدرك.

”أكتب في العمود الأول من ”خطة يسوع“ الخاصة بك أين يعمل الرب وإلى أين يدعوك للإنطلاق.“

الصلاة من أجل القادة من موعد الحصاد (2)

"في الآية الثانية، يأمرنا يسوع بأن نصلي من أجل العمل قبل البدأ فيه. صلى يسوع بخشوع قبل القيام بمهمته. وينبغي علينا أيضاً قضاء وقت أكبر في الصلاة قبل البدأ في خطتنا."

"عندما نصلي، نحمد الله على فريق عملنا، وعلى عمله معنا، وعلى الأشخاص الذين سوف نصل إليهم."

🖐 الحمد والثناء
إرفع يديك في وضعية العبادة.

"ونتوب عن ذنوبنا. ونتوب عن ذنوب من تبع يسوع. ونتوب أيضاً عن ذنوب أي مجموعة من الناس نرغب في الوصول إليهم من أجل إتباع يسوع (الذين يتبعون الخرافات، يعبدون إلهاً آخر أو يعبدون الأصنام على سبيل المثال)."

🖐 التوبة
ضع يديك على وجهك بحيث تخفي وجهك ثم أدر رأسك بعيداً لمحاولة الرؤية.

"ثم ندعوا الله أن يمدنا بقادة في هذا المكان الذي نحن ذاهبين إليه. ندعوا من الله أن يجعلنا قادة يتبعون يسوع حتى إذا تبعنا آخرون يكونوا تابعين ليسوع."

🖐 الدعاء
وضع اليدين في وضعية الدعاء.

"وأخيراً نرضخ لما أرادنا الله أن نفعل."

🖐 الرضوخ
وضع يديك في وضعية الصلاة ثم إرفعهما عالياً بمستوى جبهتك كرمز للإحترام.

"أكتب في العمود الأول من "خطة يسوع" الخاصة بك أسماء القادة المحتملين الذين سوف تصلي من أجلهم في المكان الذي تذهب إليه."

الإنطلاق بتواضع (3)

"في الآية الثالثة، يقول يسوع أنه يرسل لنا حملان بين الذئاب، ولذا ينبغي علينا الإنطلاق بتواضع. لأن الناس سوف يستمعون إلى رسالة نابعة من قلب متواضع. ولن يستمعوا إلى إلينا إذا شعروا أننا مغرورون أو متعجرفون."

- قم بشرح هذا المبدأ من خلال آداء التمثيلية التالية:

✦ القائد العظيم ✦

"ماذا سوف يعتقد الناس إذا ما جئت إلى قريتهم هكذا...؟"

- قم بالمشي متفاخراً في أنحاء الغرفة بصدر منتفخ وقل "أنا القائد العظيم، يجب عليكم أن تستمعوا لي!" وإجعل الجميع يعلمون أنك القائد الأعظم والأفضل.

"يسوع حكيم عندما أمرنا بالتواضع. الناس سوف يحترمون الرسول أكثر إذا كان متواضعاً ولديه قلب رقيق ليساعد الناس. وليس شخص متسلط."

☙ الإنطلاق بتواضع
ضع يديك في وضعية الصلاة وإنحني إجلالاً وتواضعاً.

"أكتب في العود الأول من ”خطة يسوع“ الخاصة بك إجابة للسؤال التالي: ماذا تعني ”الإنطلاق بتواضع“ بالنسبة لك؟“

الإعتماد على الله وليس على المال (4)

"في خطة يسوع، أعطانا يسوع مبادئ واضحة لنتبعها عندما نبدأ دعوتنا أو مهمتنا. على مر العصور المسيحية، إرتكب القادة العديد من الأخطاء في دعوتهم لأنهم تجاهلوا أحد تلك المبادئ. يسوع يخبرنا أن دعوتنا أو مهمتنا يجب أن تعتمد على الله وليس على المال. يمكننا خدمة الله أو المال، ولكن ليس كلاهما. ينبغي علينا التأكد أن كل ما نقوم به يعتمد على الله وليس على المال."

- قم بشرح هذا المبدأ من خلال آداء التمثيلية التالية:

❧ المال كالعسل ❧

"ماذا سوف يعتقد الناس في قرية إذا أتيت إلى قريتهم هكذا...؟"

- أحمل حقيبة معك وتظاهر أنك قد دخلت القرية. إقترب من أحد القادة وقل له "إننا نبدأ في إنشاء كنيسة جديدة في القرية. لدينا الكثير والكثير من المال. تعال وسوف نكافئك!" قم بتكرار نفس الحوار مع عدة قادة في مجموعتك.

"يسوع حكيم عندما أمرنا بألا نعتمد على المال. في دعوتنا سوف يأتي الناس إلى يسوع لأنه هو إبن الرب ومخلص العالم، وليس بسبب وعود مالية ومساعدات. المال كالعسل يجذب المشاكل إذا إعتمدنا عليه وليس على الله."

الإعتماد على الله وليس على المال
تظاهر أنك تخرج المال من جيب قميصك وحرك رأسك إشارة إلى "لا" ثم أشر إلى السماء وحرك رأسك إشارة إلى "نعم".

"أكتب في العمود الأول من " خطة يسوع" الخاصة بك كم سوف تتطلب السنة الأولى من أجل تأسيس مجموعتك الدعوية الجديدة."

الإنطلاق مباشرة إلى حيث يدعونا يسوع (4)

"يأمرنا يسوع في الآية الرابعة ألا نلقي التحية على أحد خلال رحلتنا. هو لا يأمرنا أن نكون وقحين، إنما يأمرنا أن نركز في مهمتنا التي أمرنا بها. حيث يمكن لمعظمنا أن يتشتت ويقوم بأمر جيد أثناء قيامه بالأمر الأفضل."

- قم بشرح هذا المبدأ من خلال آداء التمثيلية التالية:

التشتت الجيد

"ماذا تعتقد أن يفعل الناس في قرية إذا جئت إلى قريتهم هكذا...؟"

- أخبر الجميع أن مساعدك سوف يشرح هذا المبدأ. أشر إلى مجموعة تقف في أخر الغرفة وقل:

"لقد طلب مجموعة من الناس من صديقي أن يأتي لمساعدتهم. أنظروا ماذا حدث."

- يصف المساعد للقادة ما يقوم بفعله أثناء القيام به. يجلس المساعد مواجهاً للمجموعة الذين هم في حاجة للمساعدة، ولكن تذكروا أنه سوف يودع أصدقاءه. يجلس مع أصدقائه ويتحدث إليهم لبعض الوقت. بعد بضع دقائق، "يتذكر" أنه يجب عليه الذهاب في مهمة. ويهم بالقيام ثم يتذكر هذه المرة أنه يدين لأخته ببعض المال. فيذهب إليها ويتناولون العشاء وتطلب منه البقاء في منزلها هذه الليلة. للمرة الثالثة يهم بالقيام ثم يجد عذراً مناسباً. وأخيراً يذهب إلى مكان دعوته، ولا يجد أحداً في القرية يصغي إليه الآن.

"يسوع حيكم عندما أمرنا بالإنطلاق مباشرة إلى مكان مهمتنا الذي دعانا إليه. فالإهتمام بهذا العالم قد يشتتنا ويتسبب في أن يفوتنا ما يفعله الرب في مكان الدعوة."

إجعل يديك معاً وأمضي في طريقك إلى الأمام.

"أكتب في العمود الأول من "خطة يسوع" الخاصة بك قائمة من العوامل التي قد تؤدي إلى تشتيتك التي يمكن ان تواجهك في مذكرتك."

آية الحفظ

-لوقا 10:2-
وقال لهم إن الحصاد كثير، ولكن العمال قليلون،
فتضرعوا إلى رب الحصاد أن يبعث عمالاً إلى حصاده.

- يقف الجميع ويرددون آية الحفظ عشر مرات مع بعضهم. أول ست مرات، يمكنهم إستخدام الكتاب المقدس أو مذكراتهم. وفي الأربع مرات الأخيرة، يرددونها من الذاكرة. ترديد رقم الأية ومصدر إقتباسها قبل كل مرة يرددون فيها الآية، ويجلسون بعد الإنتهاء من ذلك.
- هذه الطريقة سوف تساعد الدارسين على تذكر ماذا كان أخر عنوان إنتهى به الجزء الخاص بـ "الممارسة".

الممارسة

- تقسيم القادة إلى مجموعات من أربعة.
- "الآن سوف نستخدم طريقة التدريب نفسها التي إستخدمها يسوع لممارسة ما تعلمناه في هذه الدرس."
التنقل بين خطوات عملية التدريب خطوة بخطوة، مع منحهم 7-8 دقائق لمناقشة كل من الأجزاء التالية.

مستوى التقدم

"أي جزء من هذه الخطوة يسهل لمجموعتك طاعته؟"

المشاكل

"أي جزء من هذه الخطوة يصعب على مجموعتك طاعته؟"

الخطط

"ما هي المهمة التي سوف تبدأ بتنفيذها ضمن مجموعتك خلال الـ 30 يوماً القادمة حتى يطبقوا هذه الخطوة من خطة يسوع؟"

- يقوم الجميع بتسجيل خطط شركائهم حتى يمكنهم الصلاة من أجلهم لاحقاً.

الممارسة

"ما هي المهمة التي سوف تبدأ في تحسينها ضمن مجموعتك خلال الـ 30 يوماً القادمة حتى يطبقوا هذه الخطوة من خطة يسوع؟"

- يقوم الجميع بتسجيل مهارات شركائهم حتى يمكنهم الصلاة من أجلهم لاحقاً.
- يقف القادة ويرددون آية الحفظ عشر مرات معاً بعد تبادل كل منهم الحديث عن المهارة التي سوف يطبقونها.

الصلاة

- قضاء بعض الوقت في الصلاة من أجل خطط بعضكم البعض.

المرحلة النهائية

خطة يسوع الخاص بي

- أطلب من القادة الإنتقال إلى الجزء الأخير في دليل المشاركة إلى صفحة "خطة يسوع".

إستخدم ملاحظاتك من هذا الدرس لملء بيانات العود الأول من خطة يسوع ـ كيف سوف تقوم بعملك. أكتب تفاصيل محددة عن كيفية إتباعك لمبادئ يسوع من أجل الدعوة في لوقا 10."

خطة يسوع الخاصة بي

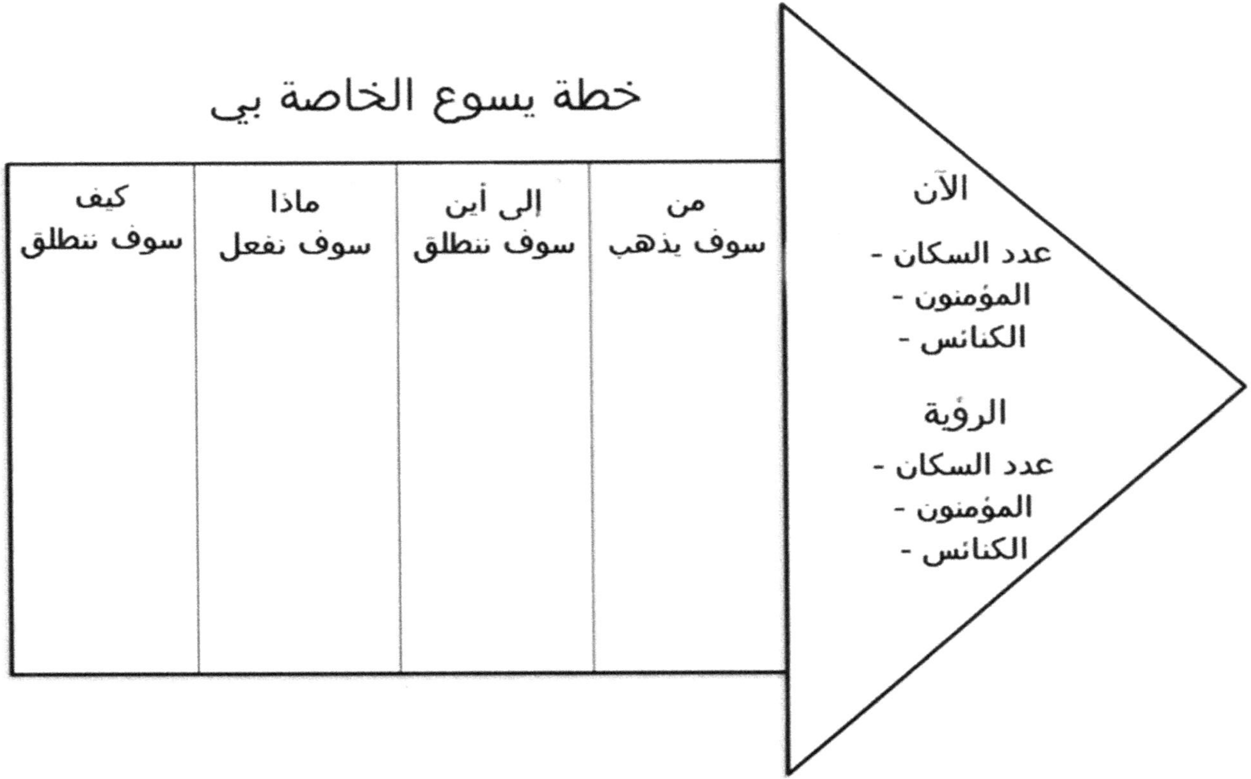

الآن
- عدد السكان -
- المؤمنون -
- الكنائس -
الرؤية
- عدد السكان -
- المؤمنون -
- الكنائس -
من
سوف يذهب
إلى أين
سوف ننطلق
ماذا
سوف نفعل
كيف
سوف ننطلق

8

إنشاء المجموعات

يحضر القادة قلوبهم في الخطوة 1 من خطة يسوع. درس "إنشاء المجموعات" سوف يتناول الخطوات 2، 3، 4. يمكننا تجنب الكثير من الأخطاء في دعوتنا ومهمتنا ببساطة عن طريق إتباعنا لمبادئ خطة يسوع المذكورة في لوقا 10. يقوم القادة بتطبيق تلك المبادئ في نهاية هذا الدرس عندما يقومون بملء "خطة يسوع" الخاصة بهم.

الخطوة 2 تتناول تطوير العلاقات. نحن ننضم إلى الرب حيثما يعمل ونبحث عن الأشخاص أصحاب التأثير والذين يستجيبون إلى الرسالة. نأكل ونشرب ما يعطوه لنا حتى نريهم قبولنا. لا نتنقل من صداقة إلى أخرى لأن هذا يسيء إلى رسالة المصالحة التي نبشر بها.

نتبادل الأخبار السارة في الخطوة 3. يسوع خادماً ويريدنا أن نحمي الناس. في هذه الخطوة، يشجع المدربون القادة على إيجاد طرق لإلتئام الدعوة. الناس لا يهتمون بما لديك حتى يعلمون أنك تهتم به. شفاء المرض يفتح أبواب مشاركة الإنجيل.

نقوم بتقييم النتائج والتعديل في الخطوة 4. كيف يتقبل الناس؟ هل هناك مصلحة حقيقة في المسائل الروحانية أو هنالك سبب أخر مثل المال هو الذي يقود فضولهم؟ إذا كان الناس لا يستجيبون، يأمرنا يسوع بمغادرة المكان والبدأ في مكان أخر.

الحمد والثناء

- غناء إثنتين من ترانيم العبادة معاً. أطلب من قائد أن يصلي من أجل هذا الدرس.

مستوى التقدم

- أطلب من قائد آخر في التدريب أن يتبادل شهادة قصيرة (ثلاث دقائق) عن كيفية مباركة الله لمجموعته/مجموعتها. بعد قيام القائد بتبادل شهادته، أطلب من المجموعة أن تصلي من أجله أو أجلها.
- بدلاً من ذلك، إجعل وقت للتدريب بينما يقوم قائد بإستخدام عملية تدريب القيادة "مستوى التقدم، المشاكل، الخطة، الممارسة، والصلاة".

المشكلة

"في كثير من الأحيان يملك المؤمنون قلوباً طيبة ويكونوا متحمسين لتصل إلى مجتمعهم. ليس لديهم خطة بسيطة تلائم أهدافهم ليتبعوها، ومع ذلك. يقوم العديد منهم بإنشاء مجموعات عن طريق التجربة والخطأ، ولكن هذه الطريقة تضيع الوقت والجهد. يسوع أعطى تلاميذه تعليمات واضحة عن كيفية إنشاء المجموعات. عندما نتبع خطته، وننضم إليه في مكان يعمل به ونتجنب الأخطاء التي لا داعي لها."

الخطة

"إن الهدف من هذا الدرس هو ان نوضح لكم وسيلة جيدة لإنشاء المجموعات تماماً كما علمنا يسوع. نبدأ بالعثور عن أشخاص مسالمين ونلبي إحتياجاتهم المادية والروحية. يأمرنا يسوع أيضاً بتقييم عملنا في نهاية خطته."

المراجعة

الترحيب
من الذي يبني الكنيسة؟
لماذا نهتم بمن يبني الكنيسة؟
كيف يبني يسوع كنيسته؟
النشوء في طاعة الرب 🖐
مشاركة الإنجيل 🖐
التلمذة 🖐
إنشاء مجموعات وكنائس 🖐
خلق القادة 🖐

1- كورنثوس 11:1- فإقتدوا بي كما أقتدي أنا بالمسيح! (NAS)

إتباع طريقة تدريب يسوع
كيف درب يسوع القادة؟
مستوى التقدم 🖐
المشكلات 🖐
الخطط 🖐
الممارسة 🖐
الصلاة 🖐

لوقا 6:40- ليس التلميذ أرفع من معلمه، بل كل من يتكمل يصير مثل معلمه! (HCSB)

إتباع طريقة قيادة يسوع
كيف وصف يسوع القائد العظيم؟ 🖐
ما هي الصفات السبع للقائد العظيم؟
1. القادة العظام يحبون الناس 🖐
2. القادة العظام يعرفون مهمتهم 🖐
3. القادة العظام يخدمون أتباعهم 🖐
4. القادة العظام يصححون بلطف 🖐
5. القادة العظام يعلمون المشاكل الحالية في المجموعة 🖐
6. القادة العظام يعطون مثالاً يحتذى به 🖐
7. القادة العظام يعلمون أنهم مباركون من الله 🖐

يوحنا 13:14-15 - فإن كنت وأنا السيد والمعلم، قد غسلت أقدامكم، فعليكم أنتم أيضاً أن يغسل بعضكم أقدام بعض. فقد قدمت لكم مثالاً لكي تعملوا مثل ما عملت أنا لكم.

النشوء في طاعة الرب
ما هي الشخصية التي وهبها الله لك؟
الجندي 🖐
الباحث 🖐
الراعي 🖐
الزارع 🖐
الإبن/الإبنة 🖐
القديس 🖐
العبد 🖐
الخادم 🖐
أي شخصية يحبها الله أكثر؟
أي شخصية تصنع قائداً أفضل؟

- الرومية 12:4-5 - فكما أن لنا في جسد واحد أعضاء كثيرة، ولكن ليس لجميع هذه الأعضاء عمل واحد، فكذلك نحن الكثيرين جسد واحد في المسيح، وكلنا أعضاء بعضنا لبعض.

أقوياء معاً
لماذا هناك ثمانية أنواع من الناس في العالم؟
كيف كان يسوع؟
الجندي 🖐
الباحث 🖐
الراعي 🖐
الزارع 🖐
الإبن/الإبنة 🖐
القديس 🖐
العبد 🖐
الخادم 🖐

ما هي الخيارات الثلاثة المتاحة لدينا عندما يحدث تعارض؟
الهرب 🖐
الشجار 🖐
إيجاد طريقة عن طريق روح الرب من أجل العمل معاً 🖐

- غلاطية 2:20 - مع المسيح صلبت، وفيما بعد لا أحيا أنا بل المسيح يحيا في. أما الحياة التي أحياها الآن في الجسد، فإنما أحياها بالإيمان في إبن الله، الذي أحبني وبذل نفسه عني. (NAS)

مشاركة الإنجيل
كيف يمكنني مشاركة الإنجيل؟
الخرزة الذهبية
الخرزة الزرقاء
الخرزة الخضراء

الخرزة السوداء
الخرزة البيضاء
الخرزة الحمراء
لماذا نحتاج إلى مساعدة يسوع؟
ليس هناك من هو ذكي بما فيه الكفاية للعودة إلى الرب بمفرده ✋
ليس هناك من يعطي بما فيه الكفاية للعودة إلى الرب بمفرده ✋
ليس هناك من هو قوي بما فيه الكفاية للعودة إلى الرب بمفرده ✋
ليس هناك من هو صالح بما فيه الكفاية للعودة إلى الرب بمفرده ✋

-يوحنا 14:6- فأجابه يسوع: "أنا هو الطريق والحق والحياة. لا يأتي أحد إلى الرب إلا بي."

التلمذة
ما هي الخطوة الأولى في خطة يسوع؟
تجهيز القلوب ✋
الذهاب في ثنائيات ✋
الذهاب إلى حيث يعمل يسوع ✋
الصلاة من أجل القادة من موعد الحصاد ✋
الإنطلاق بتواضع ✋
الإعتماد على الله وليس على المال ✋
الإنطلاق مباشرة إلى حيث يدعونا يسوع ✋

-لوقا 10:2-4- وقال لهم إن الحصاد كثير، ولكن العمال قليلون، فتضرعوا إلى رب الحصاد أن يبعث عمالاً إلى حصاده.

ما هي الخطوة الثانية في خطة يسوع؟

-لوقا 10:5-8-
5 وأي بيت دخلتم، فقولوا أولاً: سلام لهذا البيت!
6 فإن كان في البيت إبن سلام، يحل سلامكم
عليه. وإلا، فسلامكم يعود لكم.
7 وإنزلوا في ذلك البيت تأكلون وتشربون مما عندهم:
لأن العامل يستحق أجرته. لا تنتقلوا من بيت إلى بيت.
8 وأية مدينة دخلتم وقبلكم أهلها، فكلوا مما يقدم لكم.

2. تكوين الصداقات (5-8)

البحث عن أشخاص مسالمين (5،6)

”في الفقرتين الخامسة والسادسة، يأمرنا يسوع أن نجد أناس مسالمين. الشخص المسالم هو الشخص الذي يسعى إلى الله في المكان الذي تدعوا فيه. عندما تتحدث إلى هذا النوع من الناس عن المسائل الروحانية، يظهرون إهتمامهم ورغبتهم في تعلم المزيد. يعمل الله كثيراً في حياة هؤلاء الأشخاص. تبادل الشهادات يعتبر طريقة جيدة في أغلب الأحيان للعثور على الأشخاص المسالمين.“

- أكتب في العمو الثاني من ”خطة يسوع“ الخاصة بك أشخاص مسالمين تعرفهم في منطقتك.

الشخص المسالم
إجعل يديك معاً كما لو كان صديقان يتصافحان باليد.

كل وإشرب ما يقدمونه إليك (7،8)

"لماذا تعتقد أن المسيح قال "كل وإشرب ما يعطونه إليك؟ يريدنا أن نكون ذات حساسية ثقافية أثناء تكوين الصداقات. أفضل طريقة للقيام بذلك هي أن تأكل وتشرب ما يعطيك إياه المضيف.

في بعض الأحيان قد تضطر لطلب نعمة من الله عندما يدخل معدتك طعام لم تعتد عليه! ومع ذلك إذا كنت تسأل، سوف تجاب. تذكر، الناس يشعرون بأننا نحبهم ونقبلهم عندما نأكل ما يأكلون ونشرب ما يشربون."

- أكتب في العمود الثاني من خطة يسوع الخاصة بك الطعام الذي تفضله المجموعة التي تستهدفها بالدعوة والذي سوف تحتاج لأن تعتاد عليه.

الأكل والشرب
تظاهر أنك تأكل وتشرب. ثم حرك يديك على بطنك إشارة إلى أن الطعام كان جيداً.

لا تتنقل من بيت لآخر (7)

"في الآية السابعة، يأمرنا يسوع بالبقاء في منزل الشخص الذي تواصلنا معه في القرية. لأن الصداقات تستغرق وقتاً لتتكون وكل صداقة تتعامل مع الإختلاف والمشكلات من وقت لأخر. إذا إنتقلت من منزل لآخر تكون هذه بداية المتاعب، ويسئ ذلك إلى رسالة المصالحة التي نبشر بها."

لا تتنقل من بيت لآخر
ضع يديك بالقرب من بعضهما كما لو أنك تشكل سقف منزل ما. إنقل يديك إلى أماكن عدة وحرك رأسك إشارة إلى "لا".

- قم بشرح المبادئ الواردة في الخطوة الثانية من خطة يسوع من خلال آداء التمثيلية التالية:

كيف تغضب قرية

"ماذا تعتقد أن يفعل أهل قرية إذا ما جئت إلى قريتهم هكذا؟"

- أخبر الجميع أنك وشريكك قد إتبعتم خطة يسوع حتى الآن. وأنكما ذاهبان إلى الدعوة في مكان ما كثنائي، وأنكما صليتم، وذاهبون بتواضع، ولا تعتمدون على المال. والله يعمل في قرية ما وأنتما ذهبتما مباشرة إلى تلك القرية. أخبرهم بمتابعة ماذا سيحدث الآن وكيف يستجيب أهل القرية لهما.
- أطلب من القادة أن يتخيلوا أن مجموعة التدريب هي القرية. وأن تجمعات من الأشخاص تمثل منازل القرية.
- إذهبا إلى البيت الأول، باركا عليهم، وإجلسا معهم، وإقضيا بعض الوقت معهم. ثم أطلبا منهم إذا ما كان لديهم طعام لكما، وكلاه، وإرسما على وجهيكما العبس. ثم أخبر شريكك أنه لا يمكنك البقاء هنا لفترة أطول لأن الطعام سيئاً للغاية، وأنك تعتقد أنك ستموت وتودعهم أثناء قيامك بفرك بطنك كما لو أن لديك مغص شديد.
- إنتقلا إلى البيت الثاني، باركا عليهما، وإجلسا معهم، وإتفقا على قضاء الليلة عندهم. "تظاهرا" بالذهاب إلى النوم. بعد قليل، يخبرك شريكك أنه لا يمكنه البقاء هنا أطول من هذا لأن الرجل الذي يسكن في البيت يشخر بصوت مرتفع جداً. لم ينم شريكك طوال الليل. ودعوهم بينما تفركون أعينكم.
- إذهبا إلى البيت الثالث، باركا عليهم، إجلسا معهم وإبقيا معهم. وفي اليوم التالي أخبر صديقك أنه لا يمكنك البقاء هنا لوقت أطول لأن أهل البيت ينمون كثيراً مما يؤذي أذنيك. ودعوهم غادرا بينما تفركون أذانكم.

- إذهبا إلى البيت الأخير، باركا عليهم، وإجلسا معهم، وإبقيا معهم. وأخبرا الجميع أنكما سمعتما أن هذا البيت به بنات جميلات. وأنك تساعد شريكك ليجد زوجة له. أخبر أفراد الأسرة عن مميزات شريكك. ووضح لهم أنك متأكد أن الله يريد أن يتزوج شريكك إحدى بناتهم الجميلات.

"إذا حاولنا نشر الإنجيل في تلك القرية، ماذا سوف يعتقد أهل القرية؟ سوف يعتقدون أننا لسنا شرفاء. وكل ما نهتم به هو ما يمكن أن يعطوه لنا. إن إتباع خطة يسوع يساعدنا على تجنب أخطاء كثيرة."

- أكتب في العمود الثاني من خطة يسوع الخاصة بك كيف سوف تساهم في الأسرة التي ستبقى في منزلها. ما هي بعض الطرق المحددة التي يمكنك من خلالها أن تكون ذات منفعة لهم؟

ما هي الخطوة الثالثة في خطة يسوع؟

-لوقا 10:9-
إشفوا المرضى الذين فيها، وقولوا لهم: قد إقترب ملكوت الله!

3. نشر الأخبار السارة

شفاء المرضى (9)

"إن دعوة يسوع كانت دعوة للإحتياجات المادية والروحية على حد سواء. نستطيع أن نجلب الشفاء إلى القرية أو إلى مجموعة من الناس بطرق عديدة، مثل القيام بتنمية المجتمع المحلي، تحسين إمدادات المياه، تقديم المساعدة الطبية، الصلاة من أجل المرضى وتقديم النصح والمشورة."

- أكتب في العمود الثاني من خطة يسوع الخاصة بك طريقة عملية يمكنك من خلالها تلبية الإحتياجات المادية في المجتمع من خلال دعوتك أو مهمتك.

شفاء المرضى
إفرد ذراعيك كما لو كنت تضعهما على جسد شخص مريض لتشفيه.

مشاركة الإنجيل (9)

"الجزء الثاني من نشر الأخبار السارة هو مشاركة الإنجيل."

- مراجعة الإنجيل بإستخدام سوار الإنجيل

"الأخبار السارة تكون أخبار سارة إذا فهمها الناس. جانب هام من مشاركة الإنجيل هو التأكد من أنه منطقي لمن يسمعه من الناس."

مشاركة الإنجيل
ضع يديك حول فمك كما لو كنت تحمل هاتف ضخم.

- قم بشرح مبادئ الخطوة الثالثة من إستراتيجية يسوع من خلال آداء التمثيلية التالية:

الطير ذات الجناحين

"يأمرنا يسوع بشفاء المرضى والتبشير بالإنجيل. فهما بمثابة جناحين لطائر. تحتاج إليهما لتطير!"

- أطلب متطوع معك. وضح لهم أن المتطوع يقوم بدور مبشر موهوب وأنت بارع في شفاء المرضى.
- أطلب من المتطوع أن يفرد ذراعيه كما لو كانا جناحيه. ووضح أن ذراعه اليمنى بارعة في التبشير بينما ذراعه اليسرى أضعف (أطلب منه جعل ذراع اليسرى أقصر من اليمنى).
- إفرد ذراعيك كما لو كانا جناحيك. ووضح أن ذراعك اليسرى أكثر براعة في شفاء المرضى بينما ذراعك اليمنى أضعف منها. أنت ضعيف في مشاركة الإنجيل. أطلب من المتطوع أن يطير بكلا جناحيه القوي والضعيف. أفعل الأمر ذاته. (كلاكما يسقط في حركة دائرية)

"كيف يمكن أن تختلف النتائج لو قررنا أن نعمل معاً؟"

- ضم ذراعك "الضعيف" (التبشير) إلى ذراع المتطوع "الضعيف" هكذا يكون (شفاء المريض).

"عندما نركز جهودنا جميعاً ونعمل مع بعضنا البعض يمكننا الطيران."

- رفرفا أنت والمتطوع بجناحيكما "القويان" معاً و "طيرا" في أنحاء الغرفة.

ما هي الخطوة الرابعة في خطة يسوع؟

لوقا 10:10-11-
وأية مدينة دخلتم ولم يقبلكم أهلها، فأخرجوا إلى شوارعها، وقولوا: حتى غبار مدينتكم العالق بأقدامنا ننفضه عليكم، ولكن إعلموا هذا: أن ملكوت الله قد إقترب!

4. تقييم النتائج والتعديل

تقييم الإستجابة (10،11)

"إن مفتاح النجاح على المدى الطويل في أي مهمة أو بعثة هو القدرة على التقييم. في هذه الخطوة، يأمرنا المسيح بأن نقيم ونحلل طريقة إستجابة الناس وإجراء التعديلات على خططنا.

أحياناً لا يستجيب الناس لأنهم لا يفهمون رسالتنا ويتوجب علينا آنذاك أن نوضحها أكثر. إحياناً أخرى لا يستجيب الناس لأن لديهم ذنب في حياتهم، لذلك يجب علينا أن نذكرهم برحمة الله ومغفرته. ولكن لا تزال مجموعة من الناس لا تتقبل بسبب بعض التجارب اسلبية في الماضي، وينبغي علينا أن نعيدهم إلى أسرة الرب. لقد حان الوقت. ومع ذلك، يجب علينا تقييم وتحليل مدى إنفتاح الناس الذين ندعوا بينهم وتعديل خطتنا وفقاً لذلك.

خطوة أساسية في خطة يسوع هي إتخاذ القرار في كيفية تقييم النتائج قبل أن نبدأ في الدعوة."

- أكتب في العمود الثاني من خطة يسوع الخاصة بك ما هي نقاط "النجاح" في مهمتك أو بعثتك؟ وكيف سوف تقيم إستجابتهم؟

تقييم النتائج
ضع يديك كما لو كانتا كفتي ميزان. وحرك كفتي الميزان إلى الأعلى وإلى الأسفل ثم إرسم على وجهك ملامح التساؤل.

المغادرة في حالة عدم الإستجابة (11)

"إن المبدأ الأخير في خطة يسوع يعتبر صعباً على كثير من الأشخاص. ينبغي علينا مغادرة المكان الذي ندعوا فيه في حالة

عدم إستجابة أهله. كثير من الأحيان، نعتقد أن شيء ما سوف يتغير. ونبقى على أمل في إنتظار هذا التغير."

"يعتبر تحديد وقت التغير جزء إستراتيجي من العمل في الدعوة. قد يرغب البعض في المغادرة سريعاً، وقد يرغب أخرون في الإنتظار. إنهاء الصداقات ليس بالأمر اليسير، ولكنه من المهم تذكر أن يسوع أمرنا بالمغادرة إذا لم يستجيب الناس.

كم من الوقت ينبغي أن نستثمر في الناس قبل إتخاذ قرار أنهم لن يستجيبوا: يوم أو شهر أو سنة؟ وضع كل مجموعة دعوية يختلف عن الأخرى. الحقيقة هي أن العديد من الناس يمكثون طويلاً جداً وتفوتهم بركة الرب في أماكن أخرى لأنهم لم يطيعوا المبادئ الواردة في خطة يسوع."

- أكتب في العمود الثاني من خطة يسوع الخاصة بك كم هي الفترة الزمنية التي سوف تمكثها لتنفيذ المهمة التي أمرك الرب بها. وغذا لم يستجيب هؤلاء الناس إلى الإنجيل، أين سوف تبدأ مهمتك التالية؟

المغادرة إذا لم تكن هناك نتيجة
حرك يديك إشارة إلى "مع السلامة"

آية الحفظ

-لوقا 9:10-
وإشفوا المرضى الذين فيها، وقولوا لهم: قد إقترب منكم ملكوت الله!

- يقف الجميع ويرددون آية الحفظ عشر مرات مع بعضهم. أول ست مرات، يمكنهم إستخدام الكتاب المقدس أو مذكراتهم. وفي الأربع مرات الأخيرة، يرددونها من الذاكرة. ترديد رقم الأية

- ومصدر إقتباسها قبل كل مرة يرددون فيها الآية، ويجلسون بعد الإنتهاء من ذلك.
- هذه الطريقة سوف تساعد الدارسين على تذكر ماذا كان أخر عنوان إنتهى به الجزء الخاص بـ "الممارسة".

الممارسة

- تقسيم القادة إلى مجموعات من أربعة. أطلب منهم إستخدام عملية التدريب في درس القيادة.
- التنقل بين خطوات عملية التدريب خطوة بخطوة، مع منحهم 7-8 دقائق لمناقشة كل من الأجزاء التالية.

مستوى التقدم

"أي جزء من الخطوات الثلاث يسهل على مجموعتك طاعته؟"

المشاكل

"أي جزء من الخطوات الثلاث يصعب على مجموعتك طاعته؟"

الخطط

"أي مهمة سوف تبدأ تنفيذها في مجموعتك خلال الـ 30 يوماً القادمة من أجل إتباع خطوات خطة يسوع؟"

- يقوم الجميع بتسجيل خطط شركائهم حتى يمكنهم الصلاة من أجلهم لاحقاً.

الممارسة

"ما هي المهمة التي سوف تعمل على تحسينها في مجموعتك خلال الـ 30 يوماً القادمة من أجل إتباع خطوات خطة يسوع؟"

- يقوم الجميع بتسجيل مهارات شركائهم حتى يمكنهم الصلاة من أجلهم لاحقاً.
- يقف الجميع ويرددون آية الحفظ عشر مرات معاً بعد أن يتبادل الجميع المهارة التي سوف يقومون بممارستها.

الصلاة

- "قضاء بعض الوقت في الصلاة من أجل خطط ومهارات بعضكم البعض. الصلاة من أجل إستمرار مساعدة تطور المجموعات وتقوية نقاط ضعفها.

المرحلة النهائية

خطة يسوع الخاصة بي

- أطلب من القادة الإنتقال إلى الجزء الأخير من دليل المشارك الخاص بهم إلى صفحة "خطة يسوع".

"بإستخدام ملاحظات هذا الدرس، يقومون بملء العمودين الثاني والثالث من خطة يسوع. هذان العمودان يشيران إلى من هم الأناس المسالمين، وكيف سوف ندعوهم، أكتب تفاصيل محددة حول كيفية إتباعك لمبادئ خطة يسوع المذكورة في إنجيل لوقا 10."

9

مضاعفة المجموعات

الكنائس الصحية المنتجة هي نتيجة لتزايد النشوء في طاعة الرب، ومشاركة الإنجيل، والتلمذة، وإنشاء المجموعات وتدريب القادة. معظم القادة لم يسبق لهم إنشاء كنيسة، ومع ذلك، لا يعرفون كيف يبدؤون. "مضاعفة الكنائس" يعرض الأماكن التي ينبغي علينا التركيز عندما نقوم بإنشاء المجموعات التي تتحول إلى كنائس. في كتاب اعمال الرسل، يأمرنا يسوع بإنشاء المجموعات في أربع مناطق مختلفة. حيث يأمرنا بإنشاء المجموعات في المدينة والمنطقة التي نعيش بها. ثم يأمرنا بأن نبدأ بعد ذلك في المناطق المجاورة وبين المجموعات العرقية المختلفة التي نعيش بينها. وأخيراً، يأمرنا يسوع بالإنطلاق إلى الأماكن البعيدة والوصول إلى كل المجموعات العرقية الموجودة في العالم. يقوم المدربون بتشجيع القادة على التحلي بقلب يسوع للتعامل مع كل الناس ووضع الخطط للوصول إلى القدس، يهودية، السامرة، وحتى نهاية العالم. يضيف القادة هذه التعليقات على "خطة يسوع" الخاصة بهم.

كتاب أعمال ارسل يصف أيضاً عمل أربعة أشكال لمنشئي المجموعات. بطرس، وهو قس ساعد إنشاء مجموعة في بيت كورنيليوس. بطرس وهو شخص عادي سافر في جميع أنحاء

الإمبراطورية الرومانية وأنشأ مجموعات هناك. بريسكلا وأكيلا، هما أصحاب أعمال خاصة، قاموا بإنشاء مجموعات أينما أخذتهم أعمالهم. "المضطهدون" في أعمال ارسل 8 تبعثروا وقاموا بإنشاء مجموعات أينما ذهبوا. في هذا الدرس، يحدد القادة الأشخاص الذين قد يصلحوا ليكونوا بادئي مجموعات وسط دائرة تأثيرهم ويقومون بإضافتهم إلى "خطة يسوع" الخاصة بهم. وينتهي الدرس بالتصدي لإفتراض أن إنشاء كنيسة يحتاج إلى حساب مصرفي ضخم. معظم الكنائس تبدأ في المنازل بتكلفة تزيد قليلاً عن تكلفة الكتاب المقدس.

الحمد والثناء

- غناء إثنتين من ترانيم العبادة معاً. أطلب من قائد أن يصلي من أجل هذا الدرس.

مستوى التقدم

- أطلب من قائد آخر في التدريب أن يتبادل شهادة قصيرة (ثلاث دقائق) عن كيفية مباركة الله لمجموعته/مجموعتها. بعد قيام القائد بتبادل شهادته، أطلب من المجموعة أن تصلي من أجله أو أجلها.
- بدلاً من ذلك، إجعل وقت للتدريب بينما يقوم قائد بإستخدام عملية تدريب القيادة "مستوى التقدم، المشاكل، الخطة، الممارسة، والصلاة".

المشكلة

"إن قيادة مجموعة أو كنيسة ليست سهلة. إن فكرة إنشاء مجموعة أو كنيسة جديدة تبدو مستحيلة. أن الكنائس تكافح للحد من النفقات، والوقت، والأشخاص. يسوع يعلم إحتياجات خدمتنا، ومع ذلك، مازال يأمرنا بإنشاء مجموعات وكنائس جديدة.

وثمة مشكلة أخرى نواجهها عند إنشاء مجموعات أو كنائس جديدة وهي حقيقة أن معظم المؤمنين لم يقوموا بإنشاء مجموعات أو كنائس من قبل. القساوسة والقادة ورجال الأعمال وأعضاء الكنائس لديهم صورة في أذهانهم عن ما يلزم لتكون كنيسة "حقيقية" وهذا يتم ترجمته في الغالب إلى أن إنشاء الكنائس التي تشبه تماماً الكنيسة الأم، ولكن هذا يضمن فشل الكنيسة الجديدة."

الخطة

"هل تذكر عندما تحدثنا عن كيفية الإنتقال من 5,000 إلى 40,000 مؤمن؟ أساس هذا النمو هو إنشاء كل مؤمن لمجموعة جديدة. في هذا الدرس، سوف نتعلم المناطق الأربع التي ينبغي علينا إنشاء مجموعات فيها. ثم، نقوم بتحديد أربعة أشخاص قاموا بإنشاء المجموعات في كتاب أعمال الرسل."

المراجعة

الترحيب

- من الذي يبني الكنيسة؟
- لماذا نهتم بمن يبني الكنيسة؟
- كيف يبني يسوع كنيسته؟
  - النشوء في طاعة الرب
  - مشاركة الإنجيل
  - التلمذة
  - إنشاء مجموعات وكنائس
  - خلق القادة

1- كورنثوس 11:1- فإقتدوا بي كما أقتدي أنا بالمسيح! (NAS)

إتباع طريقة تدريب يسوع
كيف درب يسوع القادة؟
مستوى التقدم 🖐
المشكلات 🖐
الخطط 🖐
الممارسة 🖐
الصلاة 🖐

-لوقا 6:40- ليس التلميذ أرفع من معلمه، بل كل من يتكمل يصير مثل معلمه! (HCSB)

إتباع طريقة قيادة يسوع
كيف وصف يسوع القائد العظيم؟ 🖐
ما هي الصفات السبع للقائد العظيم؟
1. القادة العظام يحبون الناس 🖐
2. القادة العظام يعرفون مهمتهم 🖐
3. القادة العظام يخدمون أتباعهم 🖐
4. القادة العظام يصححون بلطف 🖐
5. القادة العظام يعلمون المشاكل الحالية في المجموعة 🖐
6. القادة العظام يعطون مثالاً يحتذى به 🖐
7. القادة العظام يعلمون أنهم مباركون من الله 🖐

-يوحنا 13:14-15- فإن كنت وأنا السيد والمعلم، قد غسلت أقدامكم، فعليكم أنتم أيضاً أن يغسل بعضكم أقدام بعض. فقد قدمت لكم مثالاً لكي تعملوا مثل ما عملت أنا لكم.

النشوء في طاعة الرب
ما هي الشخصية التي وهبها الله لك؟
الجندي 🖐
الباحث 🖐
الراعي 🖐

الزارع 🖐
الإبن/الإبنة 🖐
القديس 🖐
العبد 🖐
الخادم 🖐

أي شخصية يحبها الله أكثر؟
أي شخصية تصنع قائداً أفضل؟

ـ الرومية 4:12 -5- فكما أن لنا في جسد واحد أعضاء كثيرة، ولكن ليس لجميع هذه الأعضاء عمل واحد، فكذلك نحن الكثيرين جسد واحد في المسيح، وكلنا أعضاء بعضنا لبعض.

أقوياء معاً
لماذا هناك ثمانية أنواع من الناس في العالم؟
كيف كان يسوع؟
الجندي 🖐
الباحث 🖐
الراعي 🖐
الزارع 🖐
الإبن/الإبنة 🖐
القديس 🖐
العبد 🖐
الخادم 🖐

ما هي الخيارات الثلاثة المتاحة لدينا عندما يحدث تعارض؟
الهرب 🖐
الشجار 🖐
إيجاد طريقة عن طريق روح الرب من أجل العمل معاً 🖐

ـ غلاطية 20:2- مع المسيح صلبت، وفيما بعد لا أحيا أنا بل المسيح يحيا في. أما الحياة التي

أحياها الآن في الجسد، فإنما أحياها بالإيمان في إبن الله، الذي أحبني وبذل نفسه عني. (NAS)

مشاركة الإنجيل
كيف يمكنني مشاركة الإنجيل؟
الخرزة الذهبية
الخرزة الزرقاء
الخرزة الخضراء
الخرزة السوداء
الخرزة البيضاء
الخرزة الحمراء

لماذا نحتاج إلى مساعدة يسوع؟
ليس هناك من هو ذكي بما فيه الكفاية للعودة إلى الرب بمفرده 🖐
ليس هناك من يعطي بما فيه الكفاية للعودة إلى الرب بمفرده 🖐
ليس هناك من هو قوي بما فيه الكفاية للعودة إلى الرب بمفرده 🖐
ليس هناك من هو صالح بما فيه الكفاية للعودة إلى الرب بمفرده 🖐

- يوحنا 6:14- فأجابه يسوع: "أنا هو الطريق والحق والحياة. لا يأتي أحد إلى الرب إلا بي."

التلمذة
ما هي الخطوة الأولى في خطة يسوع؟
تجهيز القلوب 🖐
الذهاب في ثنائيات 🖐
الذهاب إلى حيث يعمل يسوع 🖐
الصلاة من أجل القادة من موعد الحصاد 🖐
الإنطلاق بتواضع 🖐
الإعتماد على الله وليس على المال 🖐

الإنطلاق مباشرة إلى حيث يدعونا يسوع

-لوقا 2:10- وقال لهم إن الحصاد كثير، ولكن العمال قليلون، فتضرعوا إلى رب الحصاد أن يبعث عمالاً إلى حصاده.

إنشاء المجموعات

ما هي الخطوة الثانية في خطة يسوع؟

تكوين الصداقات

البحث عن أشخاص مسالمين

كل وإشرب ما يقدمونه إليك

لا تتنقل من بيت لآخر

ما هي الخطوة الثالثة في خطة يسوع؟

نشر الأخبار السارة

شفاء المرضى

مشاركة الإنجيل

ما هي الخطوة الرابعة في خطة يسوع؟

تقييم النتائج والتعديل

تقييم الإستجابة

المغادرة في حالة عدم الإستجابة

-لوقا 9:10- وإشفوا المرضى الذين فيها، وقولوا لهم: قد إقترب منكم ملكوت الله!

ما هي الأماكن الأربعة التي أمر يسوع المؤمنين بإنشاء جماعات فيها؟

-أعمال الرسل 8:1-

ولكن حينما يحل الروح القدس عليكم تنالون القوة، وتكونون لي شهوداً في أورشليم واليهودية كلها وفي السامرة وإلى أقاصي الأرض".

1. القدس

"أخبر يسوع تلاميذه أن يقوموا بإنشاء مجموعات في نفس المدن التي يعيشون بها وبين المجموعة العرقية نفسها. عندما نتبعه، نقوم بإنشاء مجموعات وكنائس جديدة في المدن التي نعيش فيها."

- في العمود الثالث من خطة يسوع الخاصة بك، أكتب إسم منطقة في المدينة التي تعيش فيها والتي بحاجة إلى إنشاء مجموعة أو كنيسة جديدة. أكتب وصف قصير حول كيفية القيام بذلك.

2. يهودية

"ثانياً، أمر يسوع تلاميذه بإنشاء مجموعات في المناطق التي يعيشون بها. القدس مدينة حضرية بينما يهودا كانت منطقة ريفية في إسرائيل. كان الناس الذين يعيشون في يهودا من نفس المجموعة العرقية لتلاميذ يسوع. إتباعاً لأمر يسوع، سوف نقوم بإنشاء مجموعات وكنائس جديدة في المناطق الريفية التي نعيش بها."

- في العمود الثالث من خطة يسوع الخاصة بك، أكتب إسم مكان في المنطقة التي تعيش فيها والذي هو بحاجة إلى إنشاء مجموعة أو كنيسة جديدة. أكتب وصف قصير حول كيفية القيام بذلك.

3. السامرة

"ثالثاً، أمر يسوع تلاميذه بإنشاء مجموعات في مدن مختلفة ذات مجموعات عرقية مختلفة. إحتقر اليهود سكان السامرة.

على الرغم من تحيزهم، أمر يسوع تلاميذه بنشر الأخبار السارة وإنشاء مجموعات وكنائس بين السامريين. إتباعاً لأمر يسوع سوف نقوم بإنشاء مجموعات وكنائس جديدة في المدن المجاورة لنا وبين مجموعات عرقية مختلفة."

- في العمود الثالث من خطة يسوع الخاصة بك، أكتب إسم مكان في مدينة أخرى وذات مجموعات عرقية مختلفة والذي هو بحاجة إلى إنشاء مجموعة أو كنيسة جديدة. أكتب وصف قصير حول كيفية القيام بذلك.

4. أقاصي الأرض

"وأخيراً، كلف يسوع تلاميذه بإنشاء مجموعات في جميع أنحاء العالم وبين مجموعات عرقية مختلفة. طاعة هذا الأمر تتطلب عادة تعلم لغة جديدة وثقافة جديدة. نطيع هذا الأمر عندما نرسل المبشرين من كنيستنا لإنشاء مجموعات وكنائس جديدة في بلدان أخرى."

- في العمود الثالث من خطة يسوع الخاصة بك، أكتب إسم مكان في منطقة أخرى ذات مجموعات عرقية مختلفة والذي هو بحاجة إلى إنشاء مجموعة أو كنيسة جديدة. أكتب وصف قصير حول كيفية القيام بذلك.

ما هي الطرق الأربع لإنشاء مجموعة أو كنيسة؟

1. بطرس

- أعمال الرسل 9:10-
وفي اليوم التالي، بينما كان الرجال الثلاثة يقتربون من مدينة يافا، صعد بطرس نحو الظهر إلى السطح ليصلي. (NLT)

"كان بطرس راعي كنيسة في القدس. طلب منه كورنيليوس أن يأتي إلى يافا لينشر الأخبار السارة عن السيد المسيح. عندما تبادل بطرس مع الأسرة المضيفة لكورنيليوس، رجع الجميع إلى الرب وبدأت مجموعة جديدة هناك.

"طريقة واحدة لإنشاء مجموعات أو كنائس جديدة تكون بالإستعانة بقس كنيسة قائمة فعلاً وأن يذهب في مهمة قصيرة المدى ويساعد في إنشاء مجموعة أو كنيسة جديدة. هذا النوع من زرع الكنائس يتطلب عادة من أسبوع إلى ثلاثة أسابيع."

- في العمود الرابع من خطة يسوع الخاصة بك، أكتب إسم قس تعرفه يمكنه المساعدة في إنشاء مجموعة أو كنيسة جديدة. أكتب وصف قصير حول كيفية القيام بذلك.

2. بولس

-أعمال الرسل 13:2-
وذات يوم، وهم صائمون يتعبدون للرب، قال لهم الروح القدس: "خصصوا لي برنابا وشاول لأجل العمل الذي دعوتهما إليه". (NAS)

"بولس وبرنابا كانا قائدين في كنيسة في أنطاكية. خاطبهما الرب في وقت العبادة وكلفهم بالذهاب إلى مناطق لم يتم الوصول إليها لمشاركة الإنجيل. طاعة له، قاموا بإنشاء مجموعات وكنائس في جميع أنحاء الإمبراطورية الرومانية.

الطريقة الثانية لإنشاء مجموعات وكنائس تكون بإرسال قادة إلى مدن ومناطق أخرى لمشاركة الإنجيل. هذه المهمة التبشيرية تجمع بين دعوة مؤمنين جدد وإنشاء مجموعات أوكنائس جديدة. المهمة عادة ما تتطلب من شهر إلى ثلاثة أشهر."

- في العمود الرابع من خطة يسوع الخاصة بك، أكتب أسماء قادة تعرفهم يمكنهم المساعدة في إنشاء مجموعة أو كنيسة جديدة. أكتب وصف قصير حول كيفية القيام بذلك.

3. بريسكلا وأكيلا

-1 كورنثوس 19:16-
الكنائس في مقاطعة آسيا تسلم عليكم. ويسلم عليكم في الرب كثيراً، أكيلا وبريسكلا مع الكنيسة التي في بيتهما.

"كان بريسكلا وأكيلا رجال أعمال في الكنيسة. كانوا يقومون بإنشاء مجموعة أو كنيسة أينما ذهبوا أو عملوا. عندما تنتقل أعمالهم يقومون بإنشاء مجموعة أو كنيسة جديدة في المكان الجديد.

الطريقة الثالثة لإنشاء مجموعات أو كنائس جديدة هي من خلال إنشاء رجال الأعمال المسيحيين لمجموعات والتي تصبح فيما بعد كنائس. إذا كان رجل الأعمال المسيحي ينتقل من إلى منطقة لا توجد بها كنيسة، يقوم بإنشاء كنيسة بها. هذه المهمة عادة ما تتطلب من سنة إلى ثلاث سنوات."

4. المضطهدون

-أعمال الرسل 8:1-
وكان شاول موافقاً على قتل استفانوس. وفي ذلك اليوم نفسه وقع إضطهاد شديد على الكنيسة التي في أورشليم. فتشتت الإخوة جميعاً في نواحي اليهودية والسامرة ولم يبق في أورشليم إلا الرسل. (NLT)

"آخر مجموعة من الناس أنشأت مجموعات وكنائس في كتاب أعمال الرسل كانت المؤمنين المتضطهدين. فر العديد من المؤمنين من القدس عندما بدأ شاول إضطهاد الكنيسة. وقاموا بإنشاء جماعات وكنائس جديدة في جميع أنحاء يهودية والسامرة. ونحن نعلم أن هذا صحيح، لأن الرسل زاروا لاحقاً كنائس قائمة بالفعل في تلك المناطق.

الطريقة الأخيرة لإنشاء مجموعات وكنائس جديدة تكون عن طريق المؤمنين المضطهدين الذين أجبروا على الإنتقال إلى مدينة جديدة. إذا لم تكن هناك مجموعة أو كنيسة، يقوم المؤمنون القادمون حديثاً بإنشاء واحدة. إنشاء مجموعة أو كنيسة لا يتطلب شهادة علمية، فقط يكفي حب يسوع، وقلب يرغب في طاعة أوامره.

- في العمود الرابع من خطة يسوع الخاصة بك، أكتب أسماء الأشخاص الذين إنتقلوا مجدداً والذين يمكنهم المساعدة في إنشاء مجموعة أو كنيسة جديدة. أكتب وصف قصير حول كيفية القيام بذلك.

آية الحفظ

-أعمال الرسل 1:8-
ولكن حينما يحل الروح القدس عليكم تنالون القوة، وتكونون لي شهوداً في أوشليم واليهودية كلها، وفي السامرة، وإلى أقاصي الأرض".

- يقف الجميع ويرددون آية الحفظ عشر مرات مع بعضهم. أول ست مرات، يمكنهم إستخدام الكتاب المقدس أو مذكراتهم. وفي الأربع مرات الأخيرة، يرددونها من الذاكرة. ترديد رقم الأية ومصدر إقتباسها قبل كل مرة يرددون فيها الآية، ويجلسون بعد الإنتهاء من ذلك.

- هذه الطريقة سوف تساعد الدارسين على تذكر ماذا كان أخر عنوان إنتهى به الجزء الخاص بـ "الممارسة".

الممارسة

- تقسيم القادة إلى مجموعات من أربعة. أطلب منهم إستخدام ما تعلموه في هذا الدرس في عملية التدريب.
- التنقل بين خطوات عملية التدريب خطوة بخطوة، مع منحهم 7-8 دقائق لمناقشة كل من الأجزاء التالية.

مستوى التقدم

"مناقشة التقدم الذي أحرزته في إنشاء مجموعات أو كنائس في الأماكن الأربعة المختلفة وعن طريق الأنواع الأربعة المختلفة لمجموعات المنئشين."

المشاكل

"مناقشة المشاكل التي تواجهك أثناء قيامك بإنشاء مجموعات أو كنائس في الأماكن الأربعة المختلفة وعن طريق الأنواع الأربعة المختلفة لمجموعات المنشئين."

الخطط

"مناقشة مهمتان سوف تقود مجموعتك للقيام بهما خلال الـ 30 يوماً القادمة والتي سوف تساعدهم على إنشاء مجموعة أو كنيسة جديد."

مضاعفة المجموعات

- يقوم الجميع بتسجيل خطط شركائهم حتى يمكنهم الصلاة من أجلهم لاحقاً.

الممارسة

"مناقشة مهارة واحدة سوف تقوم شخصياً بممارستها خلال الـ 30 يوماً القادمة لمساعدتك على تحسين قدراتك كقائد لمجموعتك."

- يقوم الجميع بتسجيل مهارات شركائهم حتى يمكنهم الصلاة من أجلهم لاحقاً.
- يقف القادة ويرددون آية الحفظ عشر مرات معاً بعد أن ينتهي الجميع من مناقشة المهارة التي سوف يمارسونها.

الصلاة

- "قضاء بعض الوقت في الصلاة من أجل خطط ومهارات بعضكم البعض التي سوف تمارسونها خلال الـ 30 يوماً القادمة من أجل تحسين قدراتكم كقادة."

المرحلة النهائية

كم يكلف إنشاء كنيسة جديدة؟

"ماذا تحتاج لإنشاء كنيسة جديدة؟ دعنا نقوم بعمل قائمة."

- أكتب قائمة على السبورة بإجابات الطلاب على السؤال. إقتح باب المناقشة والحوار. على سبيل المثال، إذا قال شخص

"مبنى"، نسأل بقية الطلاب هل المبنى ضروري من أجل إنشاء كنيسة.

"أصبحت لدينا الآن قائمة بالبنود التي يتطلبها إنشاء كنيسة، دعونا نحدد سعر كل بند."

- بعد القائمة أطلب من الطلاب أن يقدروا تكلفة كل بند من تلك البنود. قم بتشجيع الطلاب على مناقشة والأتفاق على أسعار كل بند على حدة. عادة، سوف تقرر المجموعة أن إنشاء كنيسة جديدة لا يكلف شيئاً، أو بالأكثر قد يكلف ما يكفي لشراء الكتاب المقدس.

"الهدف من هذا التمرين هو معالجة الخطأ الشائع لدى الناس عند التخطيط لإنشاء الكنائس. أنهم يفترضون أنها تكلف الكثير من المال. ولكن مع ذلك، تبدأ الكنائس في المنازل ولا تكلف مالاً كثيراً. حتى أن الكنائس الكبرى اليوم عادة ما تكون قد بدأت في منزل. الإيمان، والأمل، والمحبة هي فقط أساسيات إنشاء الكنيسة، وليس حساب مصرفي ضخم."

خطة يسوع الخاصة بي

- أطلب من القادة الإنتقال إلى الجزء الخلفي من دليل المشارك الخاص بهم على صفحة "خطة يسوع"

"سوف نعرض خطط يسوع الخاصة بكل منا لبعضنا البعض في الدرس القادم. خذوا ما يلزم من وقت لإستكمال خطط يسوع الخاصة بكم وفكروا في كيفية عرضها للمجموعة. وعند الإنتهاء، يتم قضاء بعض الوقت في الصلاة طالبين بركة الرب من أجل الدرس القادم."

سؤال شائع آخر

كيف يمكنك العمل مع أناس أميين أثناء دورات التدريب؟

إن تدريب إتباع يسوع يستخدم الوسائل التعليمية التي تساعد المتعلمين والأميين على تذكر ما تعلموه. من خلال خبرتنا، كلتا المجموعتين تستمتعان وتستفيدان من التدريب على حد سواء. نسلط الضور على حركات اليد أكثر عندما نقوم بتعليم الأميين. في بعض الثقافات الآسيوية، لا تتلقى النساء أي تعليم بعد الصف الثالث. بعد تدريب تلك المجموعة من النساء، إقتربوا منا والدموع تملأ أعينهم وقالوا "شكراً لكم"، " لأن حركات اليد ساعدتنا كثيراً على التعلم، ويمكننا الآن إتباع يسوع."

حتى في حالة الأميين، غالباً ما يمكن لشخص أن يقرأ للمجموعة. وعادة، نطلب من هذا الشخص أن يقرأ النصوص المقدسة بصوت مرتفع لكل المجموعة. أحياناً نطلب من القارئ أن يردد النص المقدس مرتان أو ثلاث مرات للتأكد من أن المجموعة قد فهمته. إذا ما عرفنا قبل بدأ التدريب أن تلك المجموعة تتكون في غالبها من الأميين، نقوم بعمل الترتيبات اللازمة لعرض تسجيل مرئي أو صوتي لكل درس.

التليفزيون والراديو يؤثران بشدة على الأميين، حتى في القرى البعيدة. لا نقع في خطأ التفكير أنه يجب علينا تدريس الدرس مراراً وتكراراً للأشخاص الأميين. لا ترتكب خطأ التفكير في تدريس الدرس مراراً وتكراراً إلى الطلاب الأميين. إذا لم يفهم الطلاب الدرس من المرة الأولى، قم بتدريبهم مرة إضافية، وبعد ذلك إترك لهم تسجيل صوتي أو مرئي لمراجعة الدرس عندما لا تكون موجوداً هناك. معظم الأماكن يتاح بها قاعات عامة لتشغيل الدي في دي أو الفيديو سي دي. وأجهزة الإم بي 3 منتشرة الآن وتعمل بالبطاريات.

سوف يستمر الرب في مباركة العديد من المتعلمين بعد أن تترك لهم تسجيلات صوتية أو مرئية. إذا كنت تقوم بعمل تسجيلات صوتية أو مرئية، يرجى إرسال نسخة إلى هذا البريد الإلكتروني
lanfam@FollowJesusTraining.com

10

إتباع يسوع

لقد تعلم القادة في تدريب قادة حقيقيين كيف يقومون بإنشاء الكنيسة، ولماذا يعتبر إنشاء الكنائس مهماً. وأتقنوا الصفات الخمس لإستراتيجية يسوع للوصول إلى العالم ومارسوا تدريب بعضهم البعض. إنهم يفهمون الصفات السبع للقائد العظيم، وقاموا بعمل "شجرة تدريب" للمستقبل، ويعرفون كيف يعملون مع شخصيات مختلفة. كل قائد لديه خطة تقوم على خطة يسوع المذكورة في إنجيل لوقا 10. "إتباع يسوع" يتناول الجزء الوحيد الذي يدوم من القيادة: الدافع.

قبل ألفي عام، تبع الناس يسوع لأسباب مختلفة. البعض، مثل يعقوب ويوحنا، كانوا يؤمنون أن إتباع يسوع سيجلب لهم الشهرة. أخرون مثل الفريسيين، تبعوا يسوع للإنتقاد وإظهار تفوقهم. وآخرون مثل يهودا، تبع يسوع من أجل المال. أراد حشد مكون من 5,000 شخص أن يتبعوا يسوع ليقدم لهم الغذاء الذي يحتاجونه. تليهم مجموعة أخرى تبعت يسوع لأنهم كانوا في حاجة إلى الشفاء، وعاد شخص واحد ليقول شكراً. للأسف، كثير من الناس تبعوا يسوع بأنانية بسبب ما يمكن أن يعطيه لهم. اليوم لا يوجد إختلاف كبير. كقادة، يجب علينا أن نمتحن أنفسنا ونسأل "لماذا نتبع يسوع؟"

لقد أشاد يسوع بمن تبعوه من قلب ملئ بالحب. المرأة الخطاءة المنبوذة التي سكبت العطر باهظ الثمن على يسوع حملت عهد التذكير بها في أي مكان ينشر فيه الإنجيل. كان فلس الأرملة يلمس قلب يسوع أكثر من كل ذهب المعبد. أحصيب يسوع بخيبة أمل عندما نقض شاب عهده بحب يسوع بكل قلبه، وإختار غناه بدلاً من ذلك. أيضاً، طلب يسوع من بطرس طلباً واحداً وهو أن يستعيده بعد خيانته، "سايمون، هل تحبني؟" القادة الروحانيون يحبون الناس ويحبون الرب.

ينتهي الدرس بمشاركة كل قائد لـ "خطة يسوع" الخاصة به. ويصلي القادة من أجل تعهد أخر بالعمل معاً، وتدريب قادة جدد من أجل حب وتمجيد الرب.

الحمد والثناء

- غناء إثنتين من ترانيم العبادة معاً. أطلب من قائد أن يصلي من أجل هذا الدرس.

مستوى التقدم

الترحيب

من الذي يبني الكنيسة؟

لماذا نهتم بمن يبني الكنيسة؟

كيف يبني يسوع كنيسته؟

النشوء في طاعة الرب ☝

مشاركة الإنجيل ☝

التلمذة ☝

إنشاء مجموعات وكنائس ☝

خلق القادة ☝

1- كورنثوس 11:1- فإقتدوا بي كما أقتدي أنا بالمسيح! (NAS)

إتباع طريقة تدريب يسوع
كيف درب يسوع القادة؟
مستوى التقدم
المشكلات
الخطط
الممارسة
الصلاة

-لوقا 6:40- ليس التلميذ أرفع من معلمه، بل كل من يتكمل يصير مثل معلمه! (HCSB)

إتباع طريقة قيادة يسوع
كيف وصف يسوع القائد العظيم؟
ما هي الصفات السبع للقائد العظيم؟
1. القادة العظام يحبون الناس
2. القادة العظام يعرفون مهمتهم
3. القادة العظام يخدمون أتباعهم
4. القادة العظام يصححون بلطف
5. القادة العظام يعلمون المشاكل الحالية في المجموعة
6. القادة العظام يعطون مثالاً يحتذى به
7. القادة العظام يعلمون أنهم مباركون من الله

-يوحنا 13:14-15- فإن كنت وأنا السيد والمعلم، قد غسلت أقدامكم، فعليكم أنتم أيضاً أن يغسل بعضكم أقدام بعض. فقد قدمت لكم مثالاً لكي تعملوا مثل ما عملت أنا لكم.

النشوء في طاعة الرب
ما هي الشخصية التي وهبها الله لك؟
الجندي
الباحث
الراعي

- الزارع ✋
- الإبن/الإبنة ✋
- القديس ✋
- العبد ✋
- الخادم ✋

أي شخصية يحبها الله أكثر؟
أي شخصية تصنع قائداً أفضل؟

-الرومية 12:4-5- فكما أن لنا في جسد واحد أعضاء كثيرة، ولكن ليس لجميع هذه الأعضاء عمل واحد، فكذلك نحن الكثيرين جسد واحد في المسيح، وكلنا أعضاء بعضنا لبعض.

أقوياء معاً
لماذا هناك ثمانية أنواع من الناس في العالم؟
كيف كان يسوع؟
- الجندي ✋
- الباحث ✋
- الراعي ✋
- الزارع ✋
- الإبن/الإبنة ✋
- القديس ✋
- العبد ✋
- الخادم ✋

ما هي الخيارات الثلاثة المتاحة لدينا عندما يحدث تعارض؟
- الهرب ✋
- الشجار ✋
- إيجاد طريقة عن طريق روح الرب من أجل العمل معاً ✋

-غلاطية 2:20- مع المسيح صلبت، وفيما بعد لا أحيا أنا بل المسيح يحيا في. أما الحياة التي

أحياها الآن في الجسد، فإنما أحياها بالإيمان في
إبن الله، الذي أحبني وبذل نفسه عني. (NAS)

مشاركة الإنجيل

كيف يمكنني مشاركة الإنجيل؟

الخرزة الذهبية
الخرزة الزرقاء
الخرزة الخضراء
الخرزة السوداء
الخرزة البيضاء
الخرزة الحمراء

لماذا نحتاج إلى مساعدة يسوع؟

ليس هناك من هو ذكي بما فيه الكفاية للعودة إلى الرب بمفرده

ليس هناك من يعطي بما فيه الكفاية للعودة إلى الرب بمفرده

ليس هناك من هو قوي بما فيه الكفاية للعودة إلى الرب بمفرده

ليس هناك من هو صالح بما فيه الكفاية للعودة إلى الرب بمفرده

-يوحنا 6:14- فأجابه يسوع: "أنا هو الطريق والحق والحياة. لا يأتي أحد إلى الرب إلا بي."

التلمذة

ما هي الخطوة الأولى في خطة يسوع؟

تجهيز القلوب

الذهاب في ثنائيات

الذهاب إلى حيث يعمل يسوع

الصلاة من أجل القادة من موعد الحصاد

الإنطلاق بتواضع

الإعتماد على الله وليس على المال

الإنطلاق مباشرة إلى حيث يدعونا يسوع ☟

-لوقا 2:10- وقال لهم إن الحصاد كثير، ولكن العمال قليلون، فتضرعوا إلى رب الحصاد أن يبعث عمالاً إلى حصاده.

إنشاء المجموعات

ما هي الخطوة الثانية في خطة يسوع؟
- تكوين الصداقات ☟
- البحث عن أشخاص مسالمين
- كل وإشرب ما يقدمونه إليك
- لا تتنقل من بيت لآخر

ما هي الخطوة الثالثة في خطة يسوع؟
- نشر الأخبار السارة ☟
- شفاء المرضى
- مشاركة الإنجيل

ما هي الخطوة الرابعة في خطة يسوع؟
- تقييم النتائج والتعديل ☟
- تقييم الإستجابة
- المغادرة في حالة عدم الإستجابة

-لوقا 9:10- وإشفوا المرضى الذين فيها، وقولوا لهم: قد إقترب منكم ملكوت الله!

مضاعفة المجموعات

ما هي الأماكن الأربعة التي أمر يسوع المؤمنين بإنشاء جماعات فيها؟
- القدس
- اليهودية
- السامرة
- أقاصي الأرض

ما هي الطرق الأربع لإنشاء مجموعة أو كنيسة؟

بطرس
بولس
بريسكلا وأكيلا
المضطهدون
كم يكلف إنشاء كنيسة جديدة؟

-أعمال الرسل 1:8- ولكن حينما يحل الروح القدس عليكم تنالون القوة، وتكونون لي شهوداً في أوشليم واليهودية كلها، وفي السامرة، وإلى أقاصي الأرض".

الخطة

لماذا تتبع يسوع؟

"عندما جاء يسوع إلى هذه الأرض قبل ألفي عام، تبعه الناس لأسباب مختلفة.

إعتقد أناس مثل يعقوب ويوحنا أن يسوع سوف يجلب لهم الشهرة."

-مرقس 10:35-37-
عندئذ تقدم إليه يعقوب ويوحنا إبنا زبدى، وقالا له: "يا معلم، نرغب في أن تفعل لنا كل ما نطلب منك". فسألهما: "ماذا ترغبان في أن أفعل لكما؟" قالا له: "هبنا أن نجلس في مجدك: واحد عن يمينك، وواحد عن يسارك!" (NAS)

"أشخاص مثل الفريسيون إتبعوا يسوع ليظهروا كم هم أذكياء."

-لوقا 11:53-54-
وفيما هو خارج من هناك، بدأ الكتبة والفريسيون يضيفون عليه كثيراً، وأخذوا يستدرجونه إلى الكلام في أمور كثيرة، وهم يراقبونه سعياً إلى إصطياده بكلام يقوله. (NLT)

"أشخاص مثل يهودا تبعوا يسوع من أجل المال."

-يوحنا 12:4-6-
فقال أحد التلاميذ، وهو يهودا الإسخريوطي، الذي كان سيخون يسوع: "لماذا لم يبع هذا العطر بثلاث مئة دينار توزع على الفقراء؟" ولم يقل هذا لأنه كان يعطف على الفقراء، بل لأنه كان لصاً، فقد كان أميناً للصندوق وكان يختلس مما يودع فيه.

"أشخاص مثل الحشد المكون من خمسة آلاف شخص تبعوا يسوع من أجل الطعام."

-يوحنا 6:11-15-
فأخذ يسوع الأرغفة وشكر، ثم وزع منها على الجالسين، بقدر ما أرادوا. وكذلك فعل بالسمكتين. فلما شبعوا، قال لتلاميذه: "إجمعوا كسر الخبز التي فضلت لكي لا يضيع شيء!" فجموعها، وملؤاإثنتي عشرة قفة من كسر الخبر الفاضلة عن الآكلين من خمسة أرغفة الشعير. فلما رأى الناس الآية التي صنعها يسوع قالوا: حقاً، هذا هو النبي الآتي إلى العالم". وعلم يسوع أنهم على وشك أن يختطفوه ليقيموه ملكاً، فعاد إلى الجبل وحده.

"أشخاص مثل العشرة رجال المصابين بالبرص تبعوا يسوع من أجل الشفاء."

-لوقا 17:12-14-
ولدى \خوله إحدى القرى، لاقاه عشرة رجال
مصابين بالبرص. فوقفوا من بعيد، ورفعوا
الصوت قائلين: "يا يسوع، يا سيد، إرحمنا!"
فرآهم، وقال لهم: إذهبوا وأعرضوا أنفسكم على
الكهنة!" وفيما كانوا ذاهبين، طهروا. (CEV)

"كما ترى، العديد من الناس تبعوا يسوع لأجل أنانية قلوبهم. لم يهتموا كثيراً بيسوع وإهتموا بما يمكنه أن يقدم لهم. لا يوجد إختلاف كبير اليوم.

كقادة، يجب علينا أن نمتحن أنفسنا ونسأل "لماذا نتبع يسوع؟"

هل تتبع يسوع لكي تصبح مشهوراً؟ "

"هل تتبعه حتى تتمكن من أن تظهر للناس كم أنت ذكي؟

هل تتبع يسوع من أجل المال؟

هل تتبعه لتوفير الغذاء لعائلتك؟

هل تتبع يسوع للأمل في أن يشفيك؟

الناس يتبعون يسوع لأسباب كثيرة. ولكن الله يبارك الدافع فقط، ومع ذلك، يريد يسوع الناس أن يتبعوه بقلب ملئ بالحب.

هل تذكر المرأة الخطاءة المنبوذة التي صبت العطر باهظ الثمن على يسوع؟"

-متى 26:13-
والحق أقول لكم: إنه حيث ينادى بهذا الإنجيل
في العالم أجمع، يحدث أيضاً بما عملته هذه
المرأة، إحياء لذكرها" (NAS)

"هل تذكر الأرملة الفقيرة؟ التي لمس ما قدمته لمست قلب يسوع أكثر من كل ثروات المعبد."

-لوقا 21:3-
فقال: "الحق أقول لكم إن هذه الأرملة الفقيرة
قد ألقت أكثر منكم جميعاً. (NLT)

"هل تذكر الطلب الوحيد الذي طلبه يسوع من بطرس بعد أن غدر به؟"

-يوحنا 21:17-
فسأله مرة ثالثة: "يا سمعان بن يونا، أتحبني؟"
فحزن بطرس لأن يسوع قال له في المرة الثالثة:
"أتحبني". وقال له: "يارب، أنت تعلم كل شيء. أنت
تعلم أني أحبك!" فقال له يسوع: "أطعم خرافي!

"سأل يسوع بطرس عن حبه له لأن هذه المسألة حيوية جداً بالنسبة ليسوع. هل نتبعه لأننا نحبه؟

نحن نتبع يسوع بقلب ملئ بالحب لأنه أحبنا أولاً. نحن ننشأ في طاعة الرب لأننا نحب يسوع. ونشارك الإنجيل لأننا نحب يسوع. ونتلمذ لأننا نحب يسوع. ونقوم بإنشاء المجموعات التي تصبح كنائس لأننا نحب يسوع. وندرب قادة روحانيين لأننا نحب يسوع. سوف يبقى فقط الإيمان والأمل والحب بينما تزول الأرض. وأعظم ما بين تلك الأشياء هو الحب."

عرض خطة يسوع

- قم بتقسيم الدراسين إلى مجموعات تتكون كل منها من حوالي ثمانية أشخاص. قم بشرح عملية العرض التالية للقادة.
- يشكل القادة دائرة ويتناوبون عرض "خطة يسوع" الخاصة بكل مهم للمجموعة. بعد العرض، يقوم القادة الآخرون بوضع أيديهم على "خطة يسوع" ويصلون من أجل قدرة الرب وبركته. وتتاح أيضاً صلاة القادة في الوقت ذاته للقادة الذين عرضوا خططهم.
- ينهي أحد القادة وقت الصلاة كما تقوده الروح القدس. وفي هذه اللحظة، القائد الذي يقوم بعرض خطته الآن يضم "خطة يسوع" الخاصة به إلى صدره وتردد المجموعة "إحمل صليبك وإتبع يسوع" ثلاث مرات في إنسجام تام.
- قم بتكرار الخطوات الموضحة اعلاه حتى ينتهي جميع القادة من عرض "خطط يسوع" الخاصة بهم.
- عندما ينتهي الجميع من عرض خططهم، ينضم القادة غلى أي مجموعة لم تنتهي بعد. وأخيراً، تنضم كل مجموعة إلى أخرى حتى يجتمع الجميع في مجموعة واحدة كبيرة.
- قم بإنهاء وقت التدريب بغناء أغنية العبادة المتفانية حيث أنها تعني الكثير للدارسين في المجموعة.

الجزء 3

المراجع

دراسة إضافية

نحن نعتبر هؤلاء المؤلفين في غاية الأهمية في إعداد تدريب قادة حقيقيين. أول كتاب ننصح بترجمته ضمن هذه المهمة هو الإنجيل. وبعد ذلك، ننصح بترجمة هذه الكتب السبعة وإعتبارها مرجعاً أساسياً من أجل تطوير القيادة الفاعلة:

بلانشارد، كين وهودجز، فيل. إتباع طريقة قيادة يسوع: دروس من أعظم القواعد على مر العصور. توماس نيلسون، 2006.

كلينتون، ج. روبرت. صناعة قائد. مجموعة ناف برس للنشر، 1988.

كولمان، و روبرت. المخطط الرئيسي للتبشير. فليمنغ ريفيل، 1970.

هيتينغا، يان د. إتبعني: تجربة حب قيادة يسوع. ناف برس، 1996.

ماكسويل، جون. تنمية روح القائد بداخلك. توماس نيلسون بابليشرز، 1993.

أوغن، ستيفن ونيبل، توماس. تمكين القادة من خلال التدريب. تشيرش سمارت ريسورسيز، 1995.

ساندرز، أوزفالد. القيادة الروحانية: مبادئ التميز لكل مؤمن. مودي بابليشرز، 2007.

الملحق (أ)

أسئلة وأجوبة

ماذا علي أن أفعل إذا لم أتمكن من إنهاء الدرس في ساعة ونصف؟

تذكر أن العملية والمحتوى متساوون في الأهمية. حيث أن إتباع العملية يبني الثقة. بينما المحتوى يبني العلم. كل من العملية وجودة المحتوى تحدثان التحول. الخطأ الأكثر شيوعاً الذي لاحظناه خلال تدريب الأخرين هي إعطاء محتوى أكثر من اللازم، بينما لا يوجد متسع من الوقت للمارسة.

معظم دروس تدريب إتباع يسوع بها فاصل طبيعي في منتصف الدرس. إذا وجدت أنك لا تملك ما يكفي من الوقت لإستكمال الدرس، قم بشرح النصف الأول من الدرس متبعاً عملية التدريب كاملة، وأكمل باقي الدرس في المرة القادمة. إعتماداً على مستوى التعليم لدى الأشخاص الذين تقوم بتدريبهم، قد تقرر أن تمضي في الجدول الزمني طوال الوقت.

هدفنا هو مساعدة المتعلمين الكبار تطبيق نمط قيادة يسوع في كل جزء من حياتهم. ويتطلب ذلك وقتاً وممارسة، ولكنه يستحق الإستثمار.

كيف تبدو حركة القيادة؟

يؤثر الرب تأثيرا عميقاً في جميع أنحاء دول العالم. حالياً، قد وثق الباحثون أكثر من 80 حركة. إذا كانت مشاركة الإنجيل يمثل "المحرك" في تلك الحركات فإن "العجلات" هي تطوير القيادة. في الحقيقة، غالباً ما يصعب القول ما إذا كانت القيادة أو التلمذة أو حركات زرع الكنائس. أيا كان الإسم، كلها تتقاسم شيء واحد: الرجل، المرأة، الشاب والأطفال في كافة دوائر التأثير حتى يصبحوا مثل يسوع، أعظم قائد على مر العصور.

تسلسل القيادة يميز حركات القيادة. مجموعات صغيرة من الرجال أو الناسء تجتمع من أجل المحاسبة والتدريب والتعلم. تحدث بولس عن هذا النوع من التسلسل في 2 تيموثاوس 2:2. قائد يتلقى تدريبه في مجموعة ما ويدرب مجموعة أخرى. وتأخذ هذه السلاسل بالتوسع حتى الجيل السادس أو السابع في الحركات الأكثر تطوراً. أي منظمة أو مجموعة دعوية أو جماعة من الناس يمكنها الإستمرار حسب قيادة قائدها. لذلك، ينبغي أن تكون القيادة شيء يعمل به دولياً لأن القادة لا يولدون قادة. القادة يحتاجون إلى تعلم كيفية القيادة.

في حركة قيادة، يتعرف المراهقون على أدوات القيادة: الرؤية، الغرض، المهمة، والأهداف. الرجال والنساء في العقد الثاني من عمرهم يبدؤون في تطبيق هذه الأدوات في عملهم وحياتهم الشخصية. بينما يركز من هم في العقد الثالث من العمر تلك الأدوات على الدعوة أو مجال التجارة. بينما من هم في سن الأربعينات، يبدأ هو أو هي من حصد ثمار تطبيق أدوات القيادة مع المثابرة عليها. ومن هم في الخمسينات، الذين أتبعوا نمط قيادة يسوع لمدة طويلة، يكونون بمثابة أمثلة للأجيال الصاعدة. عادة، يمكن للناس في الستينيات تدريب العديد من الشبان والنشاء على القيادة. القديسين في السبعينات يتركون إرثاً من الإخلاص حتى في شيخوختهم.

ما الذي تغير في دور المبشر الأجنبي على مر الزمن؟

كل جهد يخص مهمة له أربع مراحل: الإسكتشاف والنمو والإنتشار، والتفويض. كل مرحلة لها أهداف وتحديات فريدة. كل مرحلة تتطلب أيضاً مجموعة من المهارات المختلفة لدى المبشرين.

مرحلة الإسكتشاف وتشمل تحديد الأشخاص الذين يتعذر الوصول إليهم، وإرسال المبشرين الموهوبين، والحصول على موطئ قدم في منطقة يتعذر الوصول إليها. دور المبشر هو إستكشاف، التبشير، والتواصل مع المواطنين المهتمين. ثمرة هذه الفترة كنائس قليلة. ومع ذلك، فإن الكنائس تشبه في كثير من الأحيان الكنائس في البلاد المرسل منها المبشرين أكثر منها للكنائس الموجودة في البلد المرسل إليه المبشرين. خلال مرحلة الإسكتشاف، يقوم المبشرون بـ 80% من العمل بينما يقوم المحليون بـ 20%.

كنائس قليلة بدأت في مرحلة الإسكتشاف وتستمر في النمو وإنشاء كنائس أخرى، مما يؤدى إلى وجود مجموعة من الكنائس في مرحلة النمو. المبشرون في هذه المرحلة يساعدون الكنائس على التواصل معاً، التبشير، والبدء في جهود متعمدة لنشر التلمذة بين المؤمنين. الثقافة المسيحية تبدأ تضرب بجذورها في البلد المضيف. خلال مرحلة النمو، يقوم المبشرون بـ 60% من العمل بينما يساهم المحليون بـ 40%.

تنتقل المهمة إلى مرحلة الإنتشار عندما تشكل مجموعة كنائس شبكة واحدة. هذه الفترة عادة ما تبدأ بعدد 100 من الكنائس وتستمر في التزايد. دور المبشر هو ضمان إستمرار تطوير القيادة، ومساعدة المواطنين لإستكشاف مجالات المشاكل، ومساعدة المواطنين في وضع إستراتيجية للوصول إلى ال شعب بأكمله. خلال مرحلة الإنتشار، يقوم المواطنون بـ 60% من العمل بينما يساهم المبشرون بـ 40%.

المرحلة الأخيرة من كل مهمة وهي التفويض. في هذه المرحلة، يعهد المبشر العمل إلى المواطنين المؤمنين. ويعود المبشر للعمل لفترات التدريب والإحتفال والتعاون. خلال مرحلة التفويض يقوم المواطنون

بـ 90% من العمل بينما يقوم المبشرون بـ 10%. وتبدأ مرحلة الإستكشاف من جديد، ولكن هذه المرة في حياة وعمل المواطنين المؤمنين.

وينبغي أن يعترف المبشرون الأجانب أنهم حالياً في مرحلة التفويض في معظم انحاء العالم. إن المهمة الأساسية للمبشر اليوم هي التدريب ومساعدة الإخوة والأخوات على تنفيذ مهمة الرب التي كلفهم بها. وأحد أهداف إتباع تدريب يسوع هو توفير المبشرين مع أدوات بسيطة يسهل تكرارها في مرحلة التفويض.

ما هي قاعدة "5"؟

ببساطة، يجب على الشخص ممارسة المهارة خمس مرات قبل أن تصبح لديه الثقة اللازمة لأداء المهارة بنفسه. بعد تدريب ما يقرب من 5000 شخص خلال السنوات التسع الماضية، تأكد لدينا هذا المبدأ مراراً وتكراراً.

دورات التدريب مليئة بالأشخاص الأذكياء ذوي القدرات العالية، ولكن في معظم الأحيان يحدث تغيير يذكر في حياتهم بعد الدورة التدريبية. إستجابة نموذجية لهذه المشكلة تكون بجعل المحتوى شيقاً أكثر، أو يسهل تذكره أكثر، أو (يمكنك ملء الفراغ). عادة، لا تكون المشكلة في المحتوى، ولكن تكون الحقيقة أن الناس لم يمارسوه بما فيه الكفاية حتى يصبح جزءاً من حياتهم.

لماذا تستخدم الكثير من حركات اليد؟

الناس يتعلمون من خلال ما يرون، وما يسمعون، وما يفعلون. تعمل الوسائل التعليمية الغربية على النوعين الأول والثاني من وسائل التعليم (وخصوصاً في شكل محاضرة). العديد من الدراسات أثبتت كيف أن عدد قليل من المتعلمين يحفظون بإستخدام التحدث والإستماع

فقط. الأسلوب الثالث للتعلم -الحركي- لا يزال النهج الأكثر إهمالاً في تدريب الأخرين. لقد وجدنا أن حركات اليد هي الطريقبة الأسهل لتعليم مجموعة على حفظ كمية كبيرة من المعلومات. المتعلمون والأميون يمكنهم رواية القصص على حد سواء بشكل أفضل إذا ما كنت موضحة بأفعال أو حركات يد.

يجب أن تعرف أننا لم نستخدم حركات اليد عندما بدأنا تدريب الأخرين في إتباع تدريب يسوع. لقد قمنا بتغيير منهجنا ومع ذلك، عندما حققنا أحد أهداف التدريب، أردنا أن نجعل بإمكان المتعلمين أن يكرروا التدريب كله في النهاية. الحفظ هو جزء أساسي من الأسلوب التعليمي في آسيا. الآن، يمكن للناس تكرار التدريب كله من ذاكرتهم في الدرس الأخير لأننا إستخدمنا حركات اليد. لميمكن بمقدورهم القيام بذلك من قبل إستخدامنا لحركات اليد. بعد عدد من الدروس، يتستمع المتعلمون بالتعليم الإيجابي ويذهلون بحفظهم التدريب كله في النهاية.

بعدما بدأنا إستخدام حركات اليد، لاحظنا زيادة في عدد القادة الذين يدربون القادة. التدريب الروحي يتضمن ما هو أكثر من العقل. إذا ما تغير القلب لن يكون هناك تحول. إستخدام حركات اليد يساعد على إنتقال ما تعلمناه من اليد إلى القلب. هذا هو السبب أننا نعلم الأطفال عن طريق حركات اليد لمساعدتهم على حفظ الحقائق في الحياة. الكبار والشباب والأطفال يمكنهم التعلم في نظام متعدد الأعمار عندما نستخدم حركات اليد. شخصياً، أستخدم حركات اليد بإنتظام أثناء أوقات الصلاة لإبقاء تركيزي على جزء الصلاة الذي أركز عليه - الحمد والثناء، التوبة، الدعاء والخشوع.

لماذا تكون الدروس بهذه البساطة؟

السبب الرئيسي وراء بساطة الدروس هو أننا نتبع مثال يسوع في التدريب بشكل بسيط. لقد جعل الشيء المعقد بسيطاً. ونحن نجعل السهل معقد. ما يهم يسوع هو تغير الحياة وليس إتقان "أحدث حقيقة". عندما ندرب بشكل بسيط، يمكن للكبار والشباب والأطفال تعلم الدروس في

مجموعة واحدة. أنت لا تحتاج إلى ماكينة بقيمة ألف دولار لتخبرك أين "الشمال". يمكن لبوصلة غير مكلفة القيام بهذا.

كتاب الأمثال يقول عليك إلتماس الحكمة قبل كل شيء. الحكمة هي القدرة على تطبيق المعرفة في الحياة بمهارة وإستقامة. وقد لاحظنا أنه كلما زاد تعقيد الخطة كلما زادت نسبة الفشل. القساوسة والمبشرون في جميع أنحاء العالم لديهم خطط إستراتيجية مهمة قد إستغرقت أسابيع أو أشهر لوضعها. معظم تلك الخطط موجودة على الأرفف في مكان ما. بعض الناس يقولون إن كتاب الأمثال يقول تجنب أن تكون بسيطاً. ومع ذلك، يقول أيضاً تجنب أن تكون "ساذجاً"، الشخص العاقل هو الذي يقوم بالمهمة بالشكل الذي يمكن للأخرين تقليدها والساذج يفعل خلاف ذلك.

والخبر السار هو أن إتباع يسوع لا يعتمد على عقل أو موهبة أو تعليم أو إنجازات أو شخصية الشخص. إتباع يسوع يعتمد على إرادة الشخص لطاعة أوامر يسوع على الفور، وفي كل وقت، و من قلب ملئ بالحب. التعليم المعقد عادة ما يخلق متعلمين ليسوا قادرين على تطبيق الدرس في حياتهم اليومية. يسوع يقود المؤمنين إلى خلق التلاميذ، وتعليمهم على طاعة كل وصاياه. نعتقد أن المعلمين يعيقون إلتزام الناس عندما يعلمون الدروس المعقدة التي لا يمكن للمتعلم تعليمها لشخص آخر.

ما هي بعض الأخطاء الشائعة يرتكبها البعض عند تدريبهم الآخرين؟

المدربون يرتكبون الأخطاء التدريبية في ثلاثة مجالات هي: الناس، العملية، والمحتوى. بعد أن تم تدريبنا من قبل كثير من الأشخاص، نقدم هذه الملاحظات لمساعدتك على تقوية مهاراتك.

كل متعلم يأتي إلى الدورة التدريبية مع التجارب، والمعرفة، والمهارات السابقة. المدربون الذين لا يأخذون ذلك في الإعتبار قبل بدأ التدريب

يخاطرون بأن يقوم المتدربون بعمل شيء قد فعلوه من قبل بالفعل. سؤال بسيط مثل "ماذا نعرف عن هذا الموضوع؟" يساعد المدربين على معرفة المستوى المناسب للتدريب. ومع ذلك، رأينا مدربين يفترضون أن المتعلمين يعرفون أكثر منهم. الإفتراضات الغير مؤكدة تلدغ صاحبها. التواصل يحل هذه المشكلة. لدى الناس أساليب تعاليم مختلفة ومن الخطأ بناء تدريبك على أسلوب واحد أو أثنين. ويضمن فعل هذا أن بعض المتعلمين لن يستفيدوا من الدرس كما لو كانوا يستفيدون إذا كانت هناك خطة أفضل للدروس. الناس لديها إحتياجات مختلفة وفقاً لشخصياتهم. التدريب بأسلوب يناسب الإجتماعيين سوف يستثني الإنطوائيين. التركيز على الأشخاص الذين يركزون على "التفكير" لن يكون فعالاً كدرس يعالج "المشاعر".

عملية التدريب هو مجال آخر يخطئ فيه المعلمون. التدريب الذي لا يتضمن أي فرصة للمناقشة ويعتمد فقط على الإلقاء ليس تدريب وإنما هو عرض للمعلومات. التدريب هو عبارة عن رحلة تتركز حول تمكن الشخص من مهارة وجودة، أو معرفة. لاحظنا بعض المدربين يركزون كثيراً على المحتوى الذي لا يعطون للمتعلمين الفرصة للحديث عما تعلموه. أغنى أوقات التعلم للبالغين هي بمناقشة الدرس وتطبيقه على حياتهم. من الأخطاء الشائعة أيضاً إستخدام التقنيات نفسها للتعلم طوال فترة التدريب. أي أسلوب تدريب يفقد الفعالية إذا ما إستخدم كثيراً. الخطأ الأخير هو الدورات التدريبية المطولة. وكقاعدة عامة، نحن نحاول نشرح الدرس في ثلث الوقت. ثم، نطلب من المتعلمين ممارسة الدرس لثلث الوقت. وأخيراً، نفتح مناقشة حول تطبيق الدرس في الثلث الأخير من الوقت. خلال 90 دقيقة، عادة ما يستمع المتعلمون إلينا بينما نتحدث لحوالي عشرين دقيقة.

عادة، يرجع السبب في طول دورات التدريب إلى أن مدرب يتبادل محتوى أكثر من اللازم - في المنطقة النهائية حيث يرتكب المدربون الأخطاء. المحتوى الجيد سوف يتناول المعرفة والشخصية والمهارة والدافع. إذا كان المدرب ذو خلفية غربية، سوف يركز غالباً على جزء المعرفة على إفتراض أن "المعرفة" تخلق الباقي. وقد يخاطب الشخصية والدافع، ولكنه نادراً ما يتعامل مع مهارات الممارسة. في

أغلب الأحيان، يستخدم المدربون في تدريب الآخرين الأسلوب نفسه. ومع ذلك، العودة إلى الماضي قد تكون ضرورية من أجل تغيير حقيقي في حياة المتعلمين. إن التدريب الممتاز لا يقتصر على عرض المعلومات فقط. الهدف هو التحول. لقد لاحظنا مدربين لا يعدلون المحتوى التدريبي وفقاً للخصائص والثقافة الجديدة، يتوقعون أن يتعامل مزارعي الأرز في المناطق الريفية مع المحتوى بالطريقة نفسها التي يتعامل بها الشباب المحترف في المناطق الحضرية. عدم الصلاة هو السبب الأكثر شيوعاً لهذا الخطأ.

أكبر خطأ يقع فيه المدربون، من خلال خبرتنا، هو عدم منح المتعلمين الوقت الكافي لممارسة ما تعلموه. يواجه المدربون رغبة في عرض المحتوى مرة واحدة وليس خلال رحلة مستمرة. العلامة المؤكدة لـ "آفاق الحدث" هي الموقف، "أنهم هنا الآن. دعنا نعلمهم أكبر قدر بإستطاعتنا." بدلاً من التركيز على منح المتعلمين عملية من الكتاب المقدس حتى يعلموا غيرهم تحدث نقلة نوعية. المدربون يهتمون أكثر بشخص المتعلم الذين سوف يدربونه، بدلاً من التركيز على المتعلم فقط. إذا كنت ترى أن لديك محتوى كبير وليس لديك وقت للمارسة، قد تكون مخطئاً بإعطائك الناس أكثر مما يمكنهم طاعته أو تبادله مع الأخرين. أنت تطعهم على طريق الفشل وليس على طريق النجاح.

ماذا تقترح إذا لم يكن هناك قادة لتدريبهم؟

إن القادة المتدربين يجذبون القادة المتدربين. عندما تتعهد بإتباع يسوع ونمط قيادته، سوف يباركك الرب ويرسل غيرك ليسيروا معك. يجب علينا أن نخطو أولى خطوات الإيمان، يسوع يعيش في حياة كل مؤمن ويرغب في تحقيق ملكوت الرب وإرادته. السيادة والقيادة تعملان معاً. تذكر، ليس لدينا لأننا لم نطلب. نصلي من أجل العيون لترى القادة الذين ينميهم الرب. نصلي من أجل القلوب لتقبل وتخضع. نصلي من أجل أسلوب يسوع في القيادة. الصيادون يكونون رسل جيدين.

ركز على الناس الذين وهبك الله مسبقاً، وليس على الناس الذين ليسوا معك. إبدأ في تنمية أشخاص يتبعونك ليكونوا قادة أقوياء. ويقوم كل شخص منهم بقيادة أخر. يقود الآباء أسرهم. وتقود الأمهات أطفالهن. ويقود المعلمون طلابهم. ويقود رجال الأعمال مجتمعاتهم. إن مبادئ القيادة التي نعلمها في إتباع تدريب يسوع يمكن تطبيقها في أي أوضاع وثقافات. قم بمعاملة كل شخص كما لو كان قائداً بالفعل وأنظر ماذا يصنع الرب في حياته أو حياتها.

فكر في إستضافة حدث للتدريب على القيادة. وأنشر نبأ هذا الإجتماع من خلال مجموعات القيادة الحالية - نادي الأسود أوغرفة التجارة أو مجلس القرية أو مدير الربع. إستخدم أساليب التدريب هذه من أجل تزويد قادة الأعمال بمبادئ القيادة لأعظم قائد على مر العصور. إن تنظيم حدث لن يمنحك فقط المصداقية في المجتمع، ولكن يطورك كقائد أيضاً. إذا لم يكن لدى مجموعتك أتباع ليسوع، قم بتدريب مجموعة من ''أولاد العم''، وضع رؤية للوصول إلى من تعذر الوصول إليهم.

ما هي الخطوات الأولى للقادة بينما يبدؤون في تدريب قادة جدد؟

أمضى يسوع ليلة كاملة في الصلاة قبل إختيار القادة، لذلك الصلاة هي أفضل شيء للبدء بها. نصلي من أجل تزايد القادة من حصاد إلى حصاد. بينما تصلي، تذكر أن الرب يتطلع على القلوب بينما ينظر الناس إلى المظهر الخارجي. إبحث عن المؤمنين والشخصيات التي تشعر بأنها مشروع قادة. في كثير من الأحيان، نركز على الموهبة والإنطباعات الأولى. أقضي بعض الوقت في الصلاة طالباً من الرب أن يزيد من عدد القادة الروحانيين.

بعد أن تصلي، إبدأ في نشر رؤية القادة الذين يتبعون مثال يسوع في القيادة. صلي مع الأسرة والأصدقاء وأطلب من الرب أن يساعدكم لتصبحوا قادة أفضل. إسأل الناس الذين يضعهم الرب في طريقك ما إذا كانوا يرغبون في التعلم عن كيفية النشوء كقادة أقوياء. ضع دائماً رؤية

للأصدقاء الذين يساعدون بعضهم البعض حتى يصبحوا قادة أكثر فائدة. بينما تضع الرؤية من أجل تنمية القادة، لاحظ الناس المهتمون لما تقوله.

الخطوة التالية هي أن تسأل الله أن يريك القادة الذين ينميهم الرب. لا تحاول إختيارهم بنفسك. دعهم "يختارون أنفسهم" بإرادتهم على القيام بالمهام المطلوبة من القادة. نحن لا نقوم بـ "تعيين" القادة، ولكن نقوم بـ "دهن" القادة الذين يظهرون أنفسهم أنهم أكثر فائدة. في كثير من الأحيان، من إخترنا "أخيراً" في قائمة القادة المحتملين قد يختاره الرب "أولاً". إبحث عن أناس غير راضين عن الوضع الراهن. ركز على الناس الذين لديهم إستعداد للتعلم والإتباع. لا تحبط إذا كانت القيادة العليا في مؤسسة تظهر القليل من الإهتمام.

أخيراً، إبدأ في إتخاذ الخطوات اللازمة من أجل تحقيق خطة يسوع الخاصة بك. لا شيء يجذب القادة الحاليين والمحتملين مثل الأفعال. يرغب الناس في أن يكونوا جزءاً من الفريق الناجح. إذا بارك الرب خطة يسوع الخاصة بك، سوف يرسل إليك الناس لمساعدتك. في كثير من الأحيان، يرسل الرب أفراد الأسرة والأصدقاس ورجال الأعمال الناجحين. القادة لديهم أتباع. عندما تتبع يسوع، سوف تمنح الأخرين طريق واضح يمكنهم إتباعه إيضاً. يجب على شخص ما بدأ الرحلة بين أفراد مجموعتك. كن أنت هذا الشخص!

ما هي الأوضاع المختلفة التي إستخدمها المدربون في تدريب قادة حقيقيين؟

إذا كان لديك يوم واحد فقط، نوصي بتدريب دروس "كيف درب يسوع القادة"، "الصفات السبع للقائد العظيم"، "القواعد الثمان ليسوع".
سوف يزود هذا القادة بالمهارات والشخصية والشغف من أجل تدريب قادة آخرين. وعندما يطلبون منك العودة، قم بشرح بقية الدروس لملء معرفتهم القيادية والكفائية، وضع لهم خطة إستراتيجية جيدة لإتباعها.
هذا النهج يعد الأفضل في حالة أن يكون الأشخاص مشغولين وليس لديهم متسع من الوقت لحضور دورة التدريب كاملة.

إذا كنت تستطيع مقابلتهم أسبوعياً أو كل أسبوعين، نوصي بتدريس الدورة درس تلو الآخر. حيث تتراكم المهارات مع بعضها البعض ويكتسب القادة أساس متين في نهاية 10 إلى 20 أسبوع. قم بتشجيع القادة على تدريب قادة جديد بين مقابلاتكم بالدروس التي تعلموها. يعد هذا النهج الأفضل في حالة أن يكون الأشخاص مشغولين ولكن لديهم وقت محدد للتعلم أسبوعياً. أطلب من القادة أن يعلموا خارج المقابلة أي شخص قد فاته درس من الدروس بسبب المرض أو الظروف الطارئة.

إذا كان لديك ثلاثة أيام، نوصي بإتباع نظام هذا الدليل. حيث يتيح لك الكثير من النقاش وإستخدم أوقات الإستراحة في اللقاءات الثنائية مع القادة. بنهاية كل درس، أطلب من القادة أن يجيبوا على السؤال التالي: "ماذا يخبرك الرب حول هذا الدرس؟" دعهم يتبادلون أجوبتهم مع المجموعة. وسوف تكتسب معرفة أكثر عن إحتياجات المجموعة. يعد هذا النهج الأفضل للتنفيذ في دورات تدريبية أو مدارس إنجيلية، مع وجود قساوسة بوقت كامل، ويعد الأفضل أيضاً في حالة المناطق الريفية والقرى حيث يعمل الناس وفقاً لمواسم الزراعة.

الملحق (ب)

القوائم المرجعية

قبل شهر من التدريب

- عمل قائمة فريق الصلاة- قم بعمل قائمة لفريق الصلاة تتضمن 12 شخصاً من أجل التحضير للتدريب، قبل وخلال أسبوع التدريب. هذا مهم للغاية!
- عمل قائمة المساعدين- قم بوضع إسم مساعد لك في تعليم الفريق، شخص ما قد حضر تدريب قادة حقيقيين من قبل.
- دعوة المشاركين- قم بدعوة المشاركين بطريقة تراعي مراكزهم الثقافية. وقد يشمل ذلك إرسال رسائل، أو دعوات إلخ. أفضل طريقة للقيام بتدريب قادة حقيقيين هي الحلقات الدراسية التي تضم 12-24 قائد. إذا كان لديك أكثر من مساعد معك يساعدونك، يمكنك تدريب 50 قائد كحد أقصى. ويمكن القيام بتدريب قادة حقيقيين بطريقة فاعلة في صورة حلقات أسبوعية لمجموعة تضم 3 أو أكثر من القادة.
- التأكد من إتاحة الخدمات اللوجيستية- قم بترتيبات المكان، والوجبات، ووسائل النقل للقادة حسب الحاجة.
- تأمين مكان للدرس- قم بترتيب غرفة الدرس ووضع طاولتين في أخر الغرفة عليهما لوازم الدرس، وتوضع الكراسي في شكل دائرة وتكون بقية الغرفة جاهزة لأي فعالية تقام أثناء الدرس. إذا كان هذا ملائماً، قم بالجلوس على حصيرة توضع

على أرضية الغرفة بدلاً من الكراسي. قم بعمل أوقات للراحة بمعدل مرتين يومياً يمكن للقادة خلالها تناول القهوة أو الشاي أو الوجبات الخفيفة.

- جمع المواد التدريبية- قم بجمع الكتب المقدسة، لوحة بيضاء وأوراق كبيرة، ومذكرات طلابية، ومذكرات القائد، وماركرز وأقلام تلوين وطباشير ملون ومذكرات (كالتي يستخدمها الطلاب في المدرسة) وأقلام حبر وأقلام رصاص وكرة التشينلون وجوائز.
- ترتيب أوقات العبادة- إستخدم كتاب أغنيات أو ترانيم لكل مشارك في التدريب. إبحث عن شخص في المجموعة يمكنه عزف الجيتار وإطلب منه/منها مساعدتك لو أمكن. عنوان كل درس يوحي بإختيار الأغنية لهذا الدرس.

بعد التدريب

- تقييم كل جانب من جوانب التدريب مع مساعدك- قضاء بعض الوقت في مراجعة وتقييم أوقات التدريب مع مساعدك. وقم بإنشاء قائمة للإيجابيات والسلبيات. ووضع الخطط لتحسين عملية التدريب في المرة المقبلة التي تقوم فيها بالتدريب.
- التواصل مع مساعدين محتملين قد يساعدونك في عمليات التدريب في المستقبل- قم بالإتصال بإثنين أو ثلاثة من القادة الذين أظهروا قدرات قيادية خلال التدريب لمساعدتك في تدريب قادة حقيقيين في المستقبل.
- تشجيع المشاركين في التدريب على إحضار صديق لهم في التدريب التالي- قم بتشجيع المشاركين في التدريب على العوة مع زملائهم في المرة القادمة التي يحضرون فيها. هذه طريقة فعالة لزيادة عدد القادة الذين سوف يدربون قادة آخرين.

الملحق (ج)

ملاحظات المترجم

المؤلف يعطي الإذن لترجمة هذه المادة التدريبية إلى اللغات الأخرى وفقاً لإرادة الله. الرجاء إستخدام الإرشادات التالية عند ترجمة المادة العلمية لتدريب إتباع يسوع (FJT):

- نوصي بتدريب الآخرين بإستخدام FJT عدة مرات قبل البدأ في أعمال الترجمة. ينبغي على الترجمة أن تؤكد المعنى وألا تكون مجرد ترجمة حرفية. على سبيل المثال، إذا كان "مرافقة الروح القدس" مترجمة إلى "العيش وفقاً لأوامر الروح القدس" في إصدار الإنجيل الخاص بلغتك، إستخدم "العيش وفقاً لأوامر الروح القدس"، وعدل حركات اليد حسب الحاجة.
- ينبغي أن تكون الترجمة باللغة الشائعة لشعبك وليست "باللغة المسيحية"، قدر الإمكان.
- إستخدم نصوص مترجمة من الكتاب المقدس التي يفهمها معظم الناس في مجموعتك. إذا كانت هناك ترجمة واحدة ويصعب فهمها، قم بتعديل مصطلحات النصوص المقدسة لجعلها أكثر وضوحاً.
- إستخدم مصطلحاً ذات معنى إيجابي لكل صورة من الصور الثماني ليسوع. في كثير من الأحيان، قد يحتاج فريق التدريب إلى تجربة "المصطلح الجيد" عدة مرات قبل إيجاد المصطلح الصحيح.

- ترجم "القديس" إلى مصطلح يشير في ثقافتك إلى شخص قديس يعبد الرب، ويصلي ويعيش حياة أخلاقية عالية. إذا كانت الكلمة المستخدمة هي نفسها التي تستخدم في وصف قدسية يسوع، فليس من الضروري إستخدام "القدوس" لأننا نقول "القدوس" هنا لأن "القديس" لا تصف يسوع بشكل مناسب.
- "العبد" قد يصعب ترجمتها إلى معنى إيجابي، لكن من المهم جداً أن تقوم بذلك. تأكد من أن المصطلح الذي إخترته يصور شخصاً يعمل بجد، وله قلب متواضع، ويستمتع بمساعدة الأخرين. معظم الثقافات لديها فكرة "قلب العبد."
- لقد وضعنا كل هذه التمثيليات في جنوب شرق آسيا وهي تناسب تلك الثقافة. لا تتردد في تكييفها مع ثقافتك، ولكن تأكد من إستخدامك لأفكار مألوفة لدى شعبك.
- نود أن نسمع عن عملك وأن نساعدك بأي طريقة ممكنة.
- إتصل بنا على translations@FollowJesusTraining.com حتى نتعاون ونرى مزيد من الناس يتبعون يسوع!

الملحق (د)

المزيد من المصادر

يمكنك الوصول إلى العديد من المصادر على الإنترنت التي تساعدك على تدريب الآخرين على إتباع يسوع على الموقع التالي www.FollowJesusTraining.com.

تتضمن المصادر ما يلي:

1. مقالات ورؤى في مجال التدريب من قبل المؤلف.
2. مقاطع فيديو لجميع حركات اليد في دليل تدريب قادة حقيقيين.
3. ترجمة دليل تدريب قادة حقيقيين. تختلف الترجمات من حيث الجودة، لذى تحقق منها مع السكان والمؤمنين المحليين المتحدثين لتلك اللغة قبل إستخدام الدليل المترجم.

لمزيد من المعلومات حول المشروعات الحالية والأحداث التدريبية تواصل معنا عبر البريد الإلكتروني lanfam@FollowJesusTraining.com

www.ingramcontent.com/pod-product-compliance
Lightning Source LLC
Chambersburg PA
CBHW071501040426
42444CB00008B/1442